Mein Höhlenleben in Vicksburg,

mit Briefen über Versuche und Reisen

Mary Ann Webster Loughborough

Writat

Diese Ausgabe erschien im Jahr 2024

ISBN: 9789359947921

Herausgegeben von
Writat
E-Mail: info@writat.com

Inhalt

KAPITEL I. ....- 1 -

KAPITEL II. ....- 4 -

KAPITEL III. ....- 7 -

KAPITEL IV. ....- 10 -

KAPITEL V. ....- 12 -

KAPITEL VI. ....- 15 -

KAPITEL VII. ....- 18 -

KAPITEL VIII. ....- 21 -

KAPITEL IX. ....- 23 -

KAPITEL X. ....- 26 -

KAPITEL XI. ....- 31 -

KAPITEL XII. ....- 34 -

KAPITEL XIII. ....- 36 -

KAPITEL XIV. ....- 39 -

KAPITEL XV. ....- 42 -

KAPITEL XVI. ....- 45 -

KAPITEL XVII. ....- 48 -

KAPITEL XVIII. ....- 51 -

KAPITEL XIX. ....- 54 -

KAPITEL XX. ....- 56 -

KAPITEL XXI. ....- 59 -

KAPITEL XXII. ....- 63 -

KAPITEL XXIII. ....- 66 -

KAPITEL XXIV. ....- 70 -

KAPITEL XXV. ....- 74 -

PROBE- UND REISEBRIEFE. ....- 76 -

KAPITEL I.

UNSERE GRUPPE MACHT SICH AUF DEN WEG NACH
VICKSBURG – DIE FAHRT UND DIE LANDSCHAFT – SZENEN
WÄHREND DES ERSTEN BOMBARDEMENTS – BLICK AUF DIE
STADT UND DEN FLUSS – ERÖFFNUNG EINER BATTERIE –
DER FEIND.

Es heißt, die Bauern der Campagna kommen bei ihren halbjährlichen Besuchen der pontinischen Sümpfe pfeifend und tanzend an; aber selten kehren sie in der gleichen fröhlichen Stimmung zurück, da das Malariafieber sie ganz sicher mehr oder weniger befällt. Obwohl ich Jackson am Abend des 15. nicht pfeifend und tanzend verließ, brach ich doch mit einem sehr glücklichen Herzen und sehr wenig böser Vorahnung mit einer Gruppe von Freunden zu einem angenehmen Besuch nach Vicksburg auf. Wie die Bauern kehrte ich ernster und mit einem trüben Erlebnis zurück. Wie wenig wissen wir, wie schnell sich unsere Gefühle ändern können! Wir hatten seit einigen Wochen einen Besuch in Vicksburg geplant und uns auf das Vergnügen gefreut, unsere Freunde zu treffen. Wie froh verließen wir die Stadt nach ein paar Tagen, die Bombenexplosionen noch in unseren Ohren! Wie schön war dieser Abend: Die Sonne glühte und wärmte in sanften Tönen über den rauen Bäumen des Waldes; über dem langen Moos, das sich in langsamer und würdevoller Würde wie Tänzer aus alten Zeiten wiegte und die schnellen und trippelnden Bewegungen der Gegenwart verachtete! Diese Abendsonne, dieses sanfte, angenehme Licht, das in warmen Farbtönen über den schroffen Boden der Plantage brach, glühte und wärmte alles und zeigte uns die Szenen der Heimat, als wir vorbeikamen; die nüchternen und mütterlichen Kühe, die zum abendlichen Melken durch die langen Gassen zwischen den Feldern nach Hause gingen, wo die Zäune Schatten über die Straße warfen; die Schatten der jungen Fohlen, mager, langgliedrig und verzerrt, bildeten seltsame, unheimliche Figuren; die Mütter, müde vom Essen des so üppig wachsenden Grases, standen in stiller Zufriedenheit oder tranken aus den klaren Wasserläufen. Und so gingen wir an den Häusern vorbei, wo der Plantagenbesitzer auf seiner Veranda saß und der Stimme seiner Tochter lauschte, die die neueste Zeitung las, während um ihren blonden Kopf wie ein Heiligenschein die verweilenden Strahlen der Sonne spielten.

Und weiter zum Black River, „Big Black", mit seiner langsamen, trägen Flut! Dunkel wie der stygische Strom floss er im Nebel des Abends, der Dämmerung. Und bald sehen wir Vicksburg, ein klassisches Gebiet für immer in Amerika. Der Hudson muss jetzt dem Vater des Wassers die Palme überlassen. Unser Interesse wird sich auf Orte konzentrieren, die durch die Taten unserer Landsleute geheiligt wurden. Während des ersten Bombardements von Vicksburg hatte ich gedacht, dass die Stadt eine Ruine gewesen sein muss; doch es wurde nur sehr wenig Schaden angerichtet, obwohl nur sehr wenige Häuser ohne Anzeichen des ersten Versuchs mit Metall sind. Eines sah ich mit einem Loch im Fenster; dahinter war ein ebenso großes Loch in der Türplatte , die zufällig offen stand. Die Ecke des Klaviers war abgenommen worden, und die Kugel ging durch die Wand; eine Kugel durchschlug auch ein anderes Haus und hinterließ eine riesige Lücke im Schornstein. Und doch leben die Bewohner (diejenigen, die keinen geliebten Menschen verloren haben) glücklich und zufrieden in ihren Häusern, ohne zu wissen, wann das Haus durch die Explosion einer Granate über ihren Köpfen zerrissen werden könnte.

„Ach!", sagte ich zu einer Freundin, „wie ist es möglich, dass Sie hier leben?" „Wenn man sich erst einmal an die Veränderung gewöhnt hat", antwortete sie, „macht es uns nichts aus; aber sich daran zu gewöhnen, das ist die Qual." Ich musste an den armen Mann in einem verseuchten Bezirk denken, der von einem Reisenden empfangen und gefragt wurde: „Wie leben Sie hier?" „Sir, wir sterben", war die lakonische Antwort. Und das ist Gewöhnung. Ich blickte über diese schöne Landschaft und sah in der Ferne deutlich die Transportschiffe der Union, die ruhig an ihrem Ankerplatz lagen. War es ein Traum? Konnte ich glauben, dass über dieser lächelnden Szenerie an diesem hellen Aprilmorgen der Schrecken des Bürgerkriegs wie ein Leichentuch lag? – über den furchtsamen Gehöften – von denen einige noch heute durch den Schock früherer Konflikte erschüttert sind – neben den Herden lagen und in vielen trauernden Herzen, die mit vagen Ängsten dem kommenden Sommer entgegensahen, ein Stöhnen auslösten.

Welche Seele im Land hat diesen Kummer nicht gefühlt und erlebt – diese nutzlose Trauer um die tapferen und vorzeitig Verstorbenen? Ich dachte an den Brief der Trauernden in Iowa, deren Sohn, ein Gefangener, ich gepflegt hatte, und die mit ihrem letzten Atemzug Worte für die ferne, bewusstlose Mutter empfing; an ihre Trauer, als sie von ihm in seinem fernen Grab schrieb; an ihren Stolz auf ihn, ihren einzigen Sohn. Wie viele im Land könnten ihre Hand nehmen und über einen gemeinsamen Kummer weinen! Und in den Krankenstationen sprachen Männer, die noch immer den Namen Amerikaner tragen, gemeinsam über Schlachten, Gefangene und Entführer, wobei jeder dem anderen von tapferen Taten auf feindlichen Schlachtfeldern erzählte und Bilder von unschuldigen Babys, kleinen Kindern und Frauen hervorholte, um sie einander zu zeigen, wobei alle Mitgefühl und Interesse für die unbekannten Gesichter empfanden. Wahrlich, Krieg ist eine Art leidenschaftlichen Wahnsinns. Während ich so dastand und nachdachte, erschreckte mich das laute Dröhnen der Kanonen der Wasserbatterien, denn der Rauch zeigte, dass es die Batterie direkt unter mir war, die das Feuer auf eine vermutlich getarnte Batterie am gegenüberliegenden Ufer eröffnete. Es kam jedoch keine Antwort, und als wir durch das Glas schauten, sahen wir in der Deichlinie zwischen dem Fluss und dem Bundeskanal eine Stelle, an der anscheinend neue Erde aufgeschüttet worden war und Äste von Bäumen ganz regelmäßig an einer Stelle lagen. Das war alles. General Lee hatte jedoch befohlen, auf die Stelle zu schießen, und das Feuer dauerte noch eine Weile an. Unser Ritt an diesem Abend war herrlich gewesen. Wir saßen lange auf der Veranda in der angenehmen Luft, während die sanfte Melodie und das satte Anschwellen der Musik der Band um uns herum klangen, während mein Blick immer wieder zur Flussbiegung zwei Meilen weiter wanderte, wo die Transportschiffe der Union, die im schwindenden purpurnen Licht des Abends deutlich hervortraten, scheinbar ruhig lagen. Dennoch war der Aufenthalt in Vicksburg wie ein Aufenthalt neben einem Vulkan.

KAPITEL II.

NACHTS ERTÖNT DAS SIGNALGESCHÜTZ – DIE
KANONENBOOTE KOMMEN HERUNTER – DIE STADT
ERWACHT – MUSCHELMUSIK – DIE BOOTE IN UNSERER
NÄHE – SCHNELLER ABFAHRT ZUR HÖHLE – SIE SIND
SICHER DURCHGEKOMMEN – WARUM DIE KANONE DER
KONFÖDERIERTEN NICHT FEUERN – DAS BRENNENDE
TRANSPORTMITTEL.

Nachts schlief ich tief und fest, als mich der tiefe Knall der Signalkanone aufschreckte und weckte. Ein weiterer folgte, und ich sprang aus dem Bett, zog meine Pantoffeln und meinen Morgenmantel an und ging auf die Veranda. Unsere Freunde waren schon da. Der Fluss war von großen Feuern am Ufer erleuchtet, und wir konnten deutlich die riesigen, schwarzen Massen erkennen, die mit der Strömung nach unten trieben und ab und zu Feuer aus ihren Seiten spuckten, gefolgt von einem lauten Knall, und wir konnten die Granaten im oberen Teil der Stadt explodieren hören. Die Nacht war stockfinster, und als sie sich dem grellen Licht näherten, das die großen Feuer auf den Fluss warfen, waren die Kanonenboote deutlich zu sehen. Jedes von ihnen wurde zum Ziel der Landbatterien, wenn es die Spur des hellen Lichts auf dem Wasser passierte. Wir konnten in der Dunkelheit den Galopp der Kuriere auf den gepflasterten Straßen hören; wir konnten die Stimmen der Soldaten am Flussufer hören. Das schnelle Feuer der Boote, das Brüllen der konföderierten Batterien und vor allem das kreischende, dröhnende Geräusch der Granaten, als sie in der Luft und um die Stadt herum explodierten, boten mir sofort eine neue und furchterregende Szene. Die Boote näherten sich schnell den unteren Batterien, und die Granaten begannen unangenehm nahe zu fliegen. Mein Herz schlug schnell, als die Lichtblitze aus den Bullaugen uns zugewandt schienen. Einige der Herren drängten die Damen, in die Höhle an der Rückseite des Hauses hinunterzugehen, und bestanden darauf, dass ich ging, wenn auch allein. Während ich zögerte, weil ich Angst hatte zu bleiben, aber dennoch das Ende des Gefechts miterleben wollte, explodierte eine Granate neben der Seite des Hauses. Die Angst gab mir sofort den Ausschlag, und ich rannte, geführt von einer der Damen, die den steilen Abhang des Hügels hinunter zeigte und mich zurücklaufen ließ, um einen Schal zu holen. Während ich überlegte, wie ich den Hügel am besten hinabsteigen könnte, explodierte eine weitere Granate am Fuß des Hügels, und ich hörte auf zu zögern und flog halb rutschend und rennend hinunter. Bevor ich den Eingang der Höhle erreicht hatte, explodierten zwei weitere am Hang neben mir. Atemlos und voller Angst fand ich den Eingang und rannte hinein. Dabei hatte ich einen meiner Pantoffeln am Hang liegen lassen.

Ich fand heraus, dass zwei oder drei unserer Freunde bereits unter der Erde Zuflucht gesucht hatten; und wir waren noch nicht lange dort, als sich der Rest der Gruppe zu uns gesellte und die Boote gegenüber dem Haus meldete. Da ich wieder vollkommen ruhig und gefasst war, war ich leider etwas aufgeregt und in einem Zustand schnellen Herzklopfens, als eine Granate nach der anderen in das Tal unter uns einschlug und mit einem lauten, rumpelnden Geräusch explodierte, das absolut ohrenbetäubend war. Die Höhle war eine Aushöhlung in der Erde von der Größe eines großen Raumes, hoch genug, dass die größte Person vollkommen aufrecht stehen konnte, mit bequemen Sitzen ausgestattet und insgesamt eine ziemlich große und bewohnbare Behausung (verglichen mit einigen der Höhlen in der Stadt), wenn da nicht die Feuchtigkeit und der ständige Kontakt mit den weichen Erdwänden wären. Wir waren nur kurze Zeit geblieben, als einer der Herren herunterkam, um uns zu sagen, dass alle Gefahr vorüber sei und dass wir einen wunderschönen Anblick erleben könnten, wenn wir auf den Hügel gingen, da eines der Transportschiffe von einer Granate getroffen worden war und langsam herabschwebte, während es brannte.

Wir kehrten zum Haus zurück und schauten von der Veranda auf das brennende Boot, das einzige, das, soweit wir feststellen konnten, beschädigt worden war, da die anderen Boote alle erfolgreich an der Stadt vorbeigefahren waren. Wir blieben eine Stunde oder länger auf der Veranda, während die Herren über das Ergebnis des erfolgreichen Vorstoßes der Batterien spekulierten. Alle waren erstaunt und betrübt. Es stellte sich heraus, dass nur sehr wenige der konföderierten Kanonen überhaupt abgefeuert worden waren. Dafür wurden mehrere Gründe genannt; der wahre Grund war vermutlich die Qualität der Zündschnüre, die vor kurzem aus Richmond geschickt worden waren und seit ihrer Ankunft nicht mehr getestet worden waren. Ausgerechnet in dieser Nacht stellte sich heraus, dass sie defekt waren. Der grelle Schein des brennenden Bootes fiel in rotem und bernsteinfarbenem Licht auf das Haus, die Veranda und die lebhaften Gesichter, die dem Fluss zugewandt waren – er erhellte die weißen Magnolien, ließ die rosa Kreppmyrten blass werden und ließ das Geländer der Terrasse, an dem die Passionsblume in duftenden Kränzen herabhing, klar und deutlich hervortreten: schön und lieblich, aber falsch, das purpurfarbene, flackernde Licht.

Ich saß da und starrte auf das brennende Wrack dessen, was vor einer Stunde noch von Menschenleben erfüllt war; auf Männer, für die ihre Mütter in dieser Nacht gebetet hatten; auf Männer, deren Frauen unter Tränen über kleinen Betten schwebten und jedes zarte, schlafende Bett für das Abwesende küssten. Hatte diese Nacht sie zu Waisen gemacht? Ist diese sanfte, trügerische Strömung des glühenden Wassers über Gestalten geglitten, die die Treuen zu Hause geliebt und verloren hatten? O Mutter und Frau! Ihr werdet weiter beten und lächeln, bis die schreckliche Nachricht kommt: „Verloren in Vicksburg!" Verloren in Vicksburg! In wie vielen Herzen wird der Name jahrelang wie ein Brandmal liegen! – liegen, bis das warme Herz und die geprüfte Seele für immer Frieden finden werden.

KAPITEL III.

MASKENAKTION AM GEGENÜBERLIEGENDEN UFER – DIE
AUTOS WERDEN GENOMMEN – DIE ANGST DER
NEGERISCHEN TRÄGER – MAJOR WATTS' GRUPPE –
STAMPEDE DER DAMEN.

Beim Frühstück am Morgen des 17. hörten wir die Diskussion über die Frage, ob sich am gegenüberliegenden Ufer eine getarnte Batterie befände oder nicht. Nach einigen Gesprächen über das Für und Wider dieses Themas durchsuchten wir das Ufer mit dem Fernglas und sahen, was die Herren für eine Batterie hielten. Sie hatten sich einige Minuten unterhalten, als ich das Fernglas nahm und eine Anzahl Bundessoldaten auf dem Deich in Richtung der Stelle gehen sah, wo die Batterie vermutlich stand. Mehrere andere schienen genau an dieser Stelle damit beschäftigt zu sein, Äste zu entfernen. Ich rief einen der Herren, um nachzusehen. Ich hatte das Fernglas erst wenige Augenblicke lang aufgegeben, als eine Rauchwolke aus dem Deich aufstieg und zwei Granaten nacheinander abgefeuert wurden, die am Depot direkt unter uns explodierten. Es war tatsächlich eine Batterie mit zwei Kanonen, die heftig auf die Stadt zu feuern begannen.

Wir sollten an diesem Morgen abreisen und als wir hörten, dass die Waggons nicht bis zum Bahnhof fahren würden, gingen wir zu einem Punkt weiter unten, wo wir viele besorgte Personen vorfanden, die ihre Ankunft erwarteten. Wir stiegen in die Waggons und saßen ganz sicher und bequem, als man zur Bestürzung der Passagiere herumflüsterte, dass sie angewiesen worden waren, so nah wie möglich an den Bahnhof heranzukommen und Fracht aufzunehmen. So wurden wir unter dem Schutz einer hohen Klippe nach oben gebracht, wobei ich große Bedenken hatte, als eine Granate nach der anderen auf dem Hügel über uns explodierte. Ein nervöser Herr beugte sich vor und sagte mir, dass wir in großer Gefahr seien, und er sprach in derselben Weise mit vielen der Damen und meinte, dass der Schaffner uns zweifellos an einen sicheren Ort zurückbringen würde, wenn wir darum baten.

Obwohl er so verängstigt war, war seine Art der Erleichterung so offensichtlich selbstsüchtig, dass die Herren anfingen, ihn gnadenlos zu veräppeln. Obwohl ich beim Blick aus dem Fenster Mitleid mit dem armen Kerl empfand, konnte ich mich über die lächerliche Szene, die sich mir bot, nur amüsieren: die Träger, die das Gepäck und die kleine Fracht vom Bahnhof brachten, benahmen sich wie wild – mal blieben sie stehen, um auf eine Granate zu warten – dann stürmten sie weiter, entschlossen, die Waggons zu erreichen, bevor die nächste kam. Zwei Neger kamen mit einem kleinen Koffer zwischen sich und ein oder zwei Reisesäcken, offensichtlich versuchten sie anderen dieser Zunft zu zeigen, wie leichtsinnig sie gegenüber der Gefahr waren und wie dumm „Nigger" waren, „so eine Art Weg" zu laufen. Eine Granate prallte durch die Luft und fiel wenige Meter hinter den Kriegern nieder, und siehe da! Der Koffer wurde durch die Luft geschleudert und landete mit dem Boden nach oben; der Reisesack folgte – ein Grand Somerset; und inmitten der aufsteigenden Staubwolke entdeckte ich einen Träger, der zusammengekauert neben dem Koffer lag, und den anderen, der dicht neben einem Bretterstapel kauerte. Ein Schrei der Neger auf den Waggons und viel Gelächter brachten sie auf die Beine, sie streiften sich die Knie und kicherten, sahen dabei aber ganz albern aus, da sie das Gefühl hatten, ihr früheres Ansehen sei dahin. Doch Herren und Bedienstete mieden das Depot so weit wie möglich, und wann immer sie sahen, dass ein kleines Stück Erde in Begleitung von Rauch aufstieg, rannten Männer beider Farben sofort (ohne sich umzudrehen) schnell in die entgegengesetzte Richtung, wobei die „farbigen Herren" in ihrer Eile im Allgemeinen stolperten und ein oder zwei Saltos schlugen, bevor sie einen sicheren Ort erreichten. Und so kam die Granate weiter angeflogen, explodierte von allen Seiten, erreichte uns jedoch nicht. Bald war der fröhliche Klang der Pfeife zu hören, und nach unserer langen Ungewissheit spürten wir wieder die Bewegung der Wagen und waren froh, Vicksburg zu verlassen, während uns der Klang der Kanonen und der Lärm der Granaten noch in den Ohren klangen. Einige meiner jungen Freundinnen lachten und erzählten mir von ihren Erlebnissen während der Gefahr der vergangenen Nacht; von der Angst und den Schwierigkeiten, in denen sie sich befanden, als die Kanonenboote vorbeikamen. Major Watts von der konföderierten Armee hatte eine sehr große Party gegeben, an der sie teilnahmen; eine trug maisfarbene Seide mit schwarzer Spitze, eine andere blaue Seide mit weißer Spitze und noch eine andere weiße Spitze. In der Verwirrung und dem Schrecken, als die erste Granate fiel, faltete eines der jungen Mädchen, das mit einem Brigadegeneral tanzte, die Hände und rief: „Wohin sollen wir gehen?" Im Scherz sagte er: „Aufs Land, um in Sicherheit zu sein." In der darauf folgenden Verwirrung glaubte sie, dass er es ernst meinte, und erzählte es ihren jungen Freundinnen. Sie machten sich allein und in aller Eile auf den Weg, verängstigt und zitternd. Glücklicherweise bemerkte ein befreundeter Herr ihre Abwesenheit, holte sie ein und folgte ihnen. Wenn man eine Granate kommen hörte, rief er „Fall!", und sie fielen in den Staub, mit ihren Partykleidern und allem, und blieben liegen, bis die Explosion stattfand; dann stiegen sie mit wilden Augen und wild schlagenden Herzen auf und flogen mit aller Geschwindigkeit weiter. Nachdem sie in kürzester Zeit etwa eine Meile gerannt waren und mehrere Male gestürzt waren, hielten sie beim ersten Haus an und blieben, bis ihre Freunde sie in Kutschen abholten.

„Wenn Sie unsere Partykleider hätten sehen können, als wir nach Hause kamen, und unsere Haare und die Blumen voller Staub, hätten Sie uns nie vergessen", rief einer. „Ach!", sagte ein anderer, „heute Morgen lachen wir fröhlich, denn wir lassen die Waffen hinter uns; aber letzte Nacht war es eine ernste Angelegenheit, und wir rannten um unser Leben. Wie erfreut war ich über die ruhige Ruhe unseres Hauses in Jackson! Während des Krieges habe ich Vicksburg innerlich abgeschworen. Aber der Mensch denkt, und Gott lenkt."

KAPITEL IV.

JACKSON BEDROHT – OBERST GRIERSON – GENERAL PEMBERTON REIST AB – ICH HABE MICH ENTSCHLOSSEN, AUCH ZU GEHEN – FAHRT MIT DEN AUTOS – WIEDER VICKSBURG.

Unsere Ruhe sollte nur von kurzer Dauer sein. Eines Morgens erschraken wir, als wir hörten, dass Colonel Grierson von der Bundesarmee auf Jackson vorrückte. Die Bürger wandten sich an General Pemberton, um sie zu beschützen. Er antwortete, es bestehe keine Gefahr. Plötzlich wurden die Kutschen und Reitpferde der Damen bedrängt, und die Angestellten und jungen Männer der Stadt stiegen auf und machten sich auf den Weg, um uns zu beschützen (!). Man erzählte mir, dass die meisten von ihnen gefangen genommen wurden, als sie das erste Mal auf die Bundestruppen trafen, und wir hörten nichts mehr von ihnen. Wir hätten keine Angst haben müssen, denn Colonel Grierson wurde überall (so erzählten mir später einige Damen aus dem Bezirk, durch den er kam) als Gentleman bezeichnet, der seinen Männern nicht erlaubte, jemanden mit der geringsten Respektlosigkeit zu behandeln oder den kleinsten Gegenstand aus dem Haus eines Bürgers zu nehmen; und sie behandelten alle Damen höflich. Soweit ich erfahren konnte, gab es keinen einzigen Fall von Unfreundlichkeit gegenüber einem Menschen. Er sollte den Dank jedes tapferen Mannes und jeder tapferen Südstaatlerin haben. Dieser Mann war zwar ein erklärter Feind, scheute es jedoch, Gottes schwächere Schöpfung zu foltern oder ihr den Krieg zuzumuten.

Wieder kam das Gerücht, dass eine große Bundestruppe aus Canton auf Jackson vorrückte. Jackson sollte verteidigt werden!!, was ich bezweifelte. Bald verließ General Pemberton die Stadt und ging nach Vicksburg – Mrs. Pemberton nach Mobile. In verschiedenen Teilen der Stadt wurden Batterien errichtet – eine direkt gegenüber dem Haus, in dem ich war. Eines Morgens überlegte ich, wohin ich am besten gehen und was ich am besten tun sollte, als ein schneller Galopp auf der Auffahrt ertönte und ein Freund hastig heranritt und sagte: „Werden Sie gehen?" „Ja", antwortete ich, „aber ich habe mich noch nicht entschieden, wohin ich gehen soll." „Nun, ich versichere Ihnen, dass wir keine Zeit zum Überlegen haben. Ich werde meine Familie nach Vicksburg bringen, da dies der sicherste Ort ist, und wenn Sie sich meiner Obhut unterstellen, werde ich Sie sicher zu Ihrem Mann bringen." So wurde die Sache vereinbart und wir sollten noch am selben Abend abreisen. Trotzdem war ich im Zweifel; die Bundesarmee breitete sich im ganzen Land aus und ich fürchtete mich, dort zu bleiben, wo ich war. Doch dachte ich, könnte ich in Vicksburg nicht in Gefahr sein?

Angenommen, die Kanonenboote würden angreifen? Dennoch war es wahr, wie mein Freund gesagt hatte, dass wir hier in viel größerer Gefahr waren durch den Pöbel, der normalerweise einer großen Armee folgte und uns plündern, beleidigen und ausrauben könnte. Nein; wir mussten nach Vicksburg!

Wir trafen in aller Eile unsere Vorbereitungen und packten, ohne eine Sekunde zu verlieren, und hielten nicht inne, um unseren plötzlichen Umzug und die beunruhigenden Neuigkeiten zu besprechen. Auch unsere Freunde waren in ebenso großer Panik und Bestürzung wie wir. Mrs. A. hatte einige Kisten mit schwerem Silber. Viele der Stücke waren so schwer, dass es einige Zeit gedauert hätte, sie zu vergraben. Ihr Mann war abwesend, und sie traute sich nicht, den Negern das Geheimnis anzuvertrauen. Eine andere Freundin traute sich nicht, ihre Diamanten zu vergraben, weil sie dachte, sie würde sie in diesem Fall vielleicht nie wieder sehen; auch traute sie sich nicht, sie aufzubewahren, damit nicht durch Geschichten der Neger die Habgier der Soldaten geweckt würde und sie darunter zu leiden hätte. Jeder Tumult in der Stadt ließ uns zu Türen und Fenstern rennen, da wir jederzeit eine Überraschung fürchteten; und nicht nur Damen mit blassen Gesichtern und ängstlichen Augen begegneten uns auf Schritt und Tritt, sondern auch Herren mit antimilitärischer Gesinnung rannten mit Reisetaschen und kleinen Handkoffern hin und her und suchten nach Fortbewegungsmitteln, entschlossen, einen sicheren Ort zu finden, wenn sich überhaupt einer finden ließe, wo sie nie mehr durch das Geräusch eines Gewehrs oder den Geruch von Schießpulver gestört würden; und während sie rannten, hatte jeder eine alarmierende Nachricht zu verbreiten, so dass wir angesichts des Lärms und Dröhnens der Karren, Wagen und Kutschen, der störenden Berichte über den schnellen Vormarsch der Bundesarmee und der erstickenden Staubwolken, die aufstiegen – bei all dem – aufrichtig glaubten, wir seien irgendein Wesen oder Gegenstand außer uns selbst.

Das Depot war voll von drängenden und schubsenden Menschen, die hin und her schwankten – Gepäck wurde hin und her geworfen – Pferde waren außer sich vor Angst und Neger waren verwirrt. Und so fanden wir uns in einem Waggon wieder, mitten in dem lebendigen Strom, der dahinströmte und wogte – auf der Suche nach den Waggons aus Mobile – auf der Suche nach den Waggons aus Vicksburg – auf der Suche nach irgendetwas, um sie aus der bedrohten und sich rasch entvölkernden Stadt fortzubringen.

KAPITEL V.

WIEDER NACH VICKSBURG – BESTREBUNGEN – TRUPPEN ZIEHENSWEISE NACH BLACK RIVER – GENERAL PEMBERTON BEFIEL ALLE NICHTKOMBATTEN, DIE STADT ZU VERLASSEN.

Wir ließen die bedrohte, überfüllte Stadt hinter uns und zogen langsam weiter – unsere Freunde, mein Kleines und ich – in Richtung Vicksburg. Ach! Vicksburg, unsere Zufluchtsstadt, du wirst als letzte nachgeben; und in deinen Häusern werden wir die Schritte der siegreichen Armee nicht fürchten, sondern in Sicherheit inmitten deiner Berge ruhen! Und diejenigen, die wir so sehr lieben, werden uns in unserem verängstigten und panischen Zustand trösten und unterstützen – werden unsere Ängste als Frauen weglachen und unsere Herzen von der Angst und dem Leid erlösen, das wir erlebt haben. Doch gibt es einen Ort, an dem man in diesen schrecklichen Zeiten vollkommen sicher ist? Während wir weiterfuhren, die Nachtluft so erfrischend durch das offene Fenster wehte – unsere Sitze so ruhig waren – die Bewegung der Autos so beruhigend, zeigten meine Freunde bald unverkennbare Anzeichen des tiefen Schlafes, der über sie gefallen war; – die Stille der Nacht – die Luft so wohlriechend – der Himmel über uns so ruhig und sternenklar!

Ich lehnte meinen Kopf ans Fenster und schaute in die Dunkelheit. Wie ruhig und ernst waren die Gedanken, die mir nach der Unruhe und Rastlosigkeit des Tages kamen! Die selige Hoffnung auf die himmlische Heimat erschien doppelt gnädig. Wie sehnsüchtig blickte ich auf den Schleier, der zwischen unserer Welt und dem Jenseits lag! Ach! Das Jenseits, wohin Christus gegangen ist, damit unser Leben dort durch ihn vervollkommnet werden kann; das Jenseits, wo meine Augen in vielen Nächten wie dieser auf die Sterne geblickt haben; und meine Seele zitterte und keuchte, sehnte sich sehnsüchtig nach mehr Wissen über das Leben dort oben – sehnte sich sehnsüchtig nach dem Kind, dem Märtyrerkind, das an meiner Brust litt und starb – dem Kind, dessen Leben auf Erden so sehr ein Teil meines eigenen war! – dessen himmlisches Leben ich so sehr auf mein eigenes einwirken lassen möchte! Und ich suche, ich weiß nicht wonach, während ich auf diese Welten da oben blicke. Ich wage nicht, um eine Offenbarung zu bitten; aber, ach! könnte ich über die Sterne hinausdringen und einen Strahl des herrlichen Lebens erhaschen! Doch das Bewusstsein einer verfeinerten und reineren Existenz ist mir immer nahe, wenn sich mein Geist von der Erde löst und sich unbegreiflichen und sehnsüchtigen Fragen hingibt, die nie befriedigt werden, bis auch ich in der Gegenwart meines Schöpfers stehe. Oh, diese Nachtzeit, dieser sternenklare und reinste

Himmel vor uns! Sieht man sich selbst nicht klarer, wenn man mit dem immer unbestimmten Gefühl nach oben blickt, das wir empfinden, wenn wir nachts in den Himmel blicken? – kommt uns nicht unsere eigene Unwürdigkeit, das Bedürfnis unserer Seele nach einem Erlöser vor, wenn unser Gewissen, das die Gefühllosigkeit des Tages und der Welt überwindet, uns von vielen Pflichtverletzungen zuflüstert? Von hastig gesprochenen Gebeten? Von verpassten Gelegenheiten, Gutes für unsere Mitmenschen zu tun? Die sanfte Antwort, das freundliche Wort und das aufmunternde Lächeln für die müde Welt, all das ist vorbeigegangen; und wir sehen, wo Gutes für einen „der Geringsten" ein Leben glücklicher hätte machen können; und was die Reinen betrifft – alle Dinge sind rein –, so erkennen auch wir, die wir uns nach dem himmlischen Leben und der damit verbundenen veredelnden Existenz sehnen, die Unvollkommenheiten darin und in unseren täglichen Pflichten deutlicher und unser Bedürfnis nach einem Vermittler bei ihm, dessen reinen Augen wir völlig unwürdig sind; ach! so unwürdig, dass unsere Würdigkeit mit diesem Leben nie beginnen kann.

Als wir uns Vicksburg näherten, konnten wir Lager und Lagerfeuer sehen, um die sich undeutlich die Gestalten von Männern bewegten; wir konnten den Wachposten sehen, der die Black River Bridge bewachte, still und aufrecht, in der Dunkelheit wie eine düstere Statue, die eine malerische und massive Brücke aus alten Zeiten schmückte; und weiter weg Massen von Männern auf der Straße, die in der Nacht ruhig marschierten, gefolgt von der Artillerie; auch lange Reihen von Wagen, die durch die Schluchten fuhren – jetzt sah man die weißen Planen auf der Kuppe des Hügels; als wir sie wieder aus den Augen verloren, hörten wir das Geschrei der Fuhrleute, das Knallen der Peitsche – und erblickten wieder einen weißen Wipfel durch die Bäume – und gelegentlich das Lied eines Fuhrmanns. Am Depot drängten sich die Soldaten und warteten darauf, loszufahren; und als wir bei unserem Freund ankamen, waren wir, so müde von der Aufregung und dem Aufruhr des Tages, froh, unsere müden Köpfe in Ruhe und Frieden ausruhen zu können, ohne Angst vor dem Morgen oder ruhelose Vorahnungen des Bösen.

Als ich am nächsten Morgen die Zeitungen las, fiel mir als erstes ein Befehl von General Pemberton ins Auge, der alle Nichtkombattanten aufforderte, die Stadt zu verlassen. „Bisher", sagte er, „habe ich nur darum gebeten, dass es getan wird; jetzt verlange ich es." „Ach!", rief ich, „haben wir denn keine Ruhe für unsere Fußsohlen? Müssen wir die Angst und Sorge von gestern noch einmal durchmachen?" „Wir können hier nicht weggehen", antwortete mein Freund. „Wohin können wir gehen? Hier sind wir unter unseren Freunden – wir sind willkommen und fühlen uns sicher. Lasst uns wenigstens das Schicksal derer teilen, die wir so sehr lieben. Wenn wir gehen, können wir nicht wissen, was uns erwartet – wahrscheinlich besetzt die Bundesarmee gerade jetzt Jackson; wenn wir aufs Land gehen, laufen wir Gefahr, jederzeit von ihnen umzingelt zu werden; und wen können wir um Schutz vor den Soldaten bitten? Wir *müssen* hier bleiben, auch wenn die Herren sagen, wir sollen gehen, was sie, fürchte ich, tun werden; wir müssen sie drängen, uns bleiben zu lassen, denn Sie wissen, dass sie uns nichts abschlagen können. Oh, wir sind so ruhig und friedlich, wir müssen bleiben, komme was wolle." Als die Herren kamen, sprachen wir mit ihnen über den „Befehl". Zuerst sagten sie, wir müssten gehen; aber wir baten sie, uns bleiben zu lassen, und schilderten unsere beklagenswerte Lage in einem von Soldaten überrannten Land und die große Gefahr, mit der Eisenbahn nach Mobile zu fahren, da die Strecke zwischen Meridian und Jackson teilweise zerstört war. Wir erklärten, dass wir fast verhungern würden – dass wir jedem Übel in Vicksburg, wo unsere Freunde waren, freudig entgegentreten würden – wo wir sorgfältig untergebracht, ruhig und zufrieden waren. Also sagten sie lachend, sie seien von unserer Not völlig überwältigt und würden es so einrichten, dass wir bleiben könnten, wenn wir wollten. „Aber denken Sie daran", sagten sie, „wenn Ärger kommt, müssen Sie ihm mit offenen Augen begegnen." „Ja", sagten wir, „wir können Ärger dort, wo Sie sind, freudig entgegentreten." Alle schienen zu glauben, dass die Angelegenheit in einiger Entfernung von Vicksburg entschieden werden würde und dass General Pemberton die Verantwortung von seinen Schultern nehmen wollte, wenn das Schlimmste eintreten und Frauen in der Stadt in Gefahr gerieten.

KAPITEL VI.

GERÜCHTE ÜBER DEN VORRÜCK DER BUNDESSTAAT AM BLACK RIVER – KANONNENBOOTE AUF DEM FLUSS – KANONENBESCHUSS UND FEUER IN WARRENTON – GENERAL PEMBERTONS TRUPPEN SIND AM BLACK RIVER GEFECHTET.

Wir richteten uns wunderbar ein. Mit unserem Nähgeschäft am Morgen und den Ausritten am Abend war es in unserem Zuhause sehr angenehm – sehr fröhlich und ruhig. Es erreichten uns Gerüchte über den Vormarsch der Bundestruppen am Black River. Doch so ungewiss waren die Nachrichten und der Vorsprung so langsam, dass wir fast an allem zweifelten. M——— war unten in Warrenton stationiert und kam nur gelegentlich, um uns zu besuchen, da die Kanonenboote diesen Punkt bedrohten. Dennoch waren wir in gewisser Weise bereits von der Außenwelt abgeschnitten, denn die Wagen fuhren nicht mehr weiter als bis zur Brücke über den Black River, wo General Pemberton seine Truppen stationiert hatte, um sie zu befestigen und auf einen Angriff zu warten. Dennoch berichteten uns die Zeitungen jeden Morgen, dass alles in Ordnung sei, und unser Leben ging genauso weiter. Fast jeden Tag wanderten wir den Sky Parlor Hill hinauf und schauten durch das Glas auf das Bundeslager nahe der Mündung des verlassenen Kanals. Außerdem konnten wir unten an einer Stelle namens „Brown and Johnson's Landing" deutlich die vorbeifahrenden Wagenzüge sehen, die Nachschub für die Flotte darunter brachten. wir konnten auch Truppen und berittene Männer am gegenüberliegenden Ufer erkennen, wenn auch einige Meilen entfernt, – wieder lagen am oberen Ende des Kanals, draußen im Strom, lustlos die dunklen Umrisse der Kanonenboote – jetzt lagen zwei ganz nah beieinander – dann vielleicht eine Gruppe von drei oder oft nur eines, bemannt mit Negern, denn mit Hilfe des Glases konnten wir sie hin und her fahren sehen; wir nahmen an, wir konnten auch die kleinen Schlepper sehen, die Depeschen von einem zum anderen transportierten, da oft nach ihrem Besuch ein Transport- oder Kanonenboot Dampf abließ und ihnen den Fluss hinauf folgte; wir konnten Kuriere sehen, die von Zeltgruppen entlang des Ufers dorthin galoppierten, wo, wie wir annahmen, die Massen der Soldaten lagerten. Alles in allem waren das Lager und die Bewegungen der Unionsarmee weitaus aufregender und interessanter als das ruhige befestigte Leben von Vicksburg, das mit ruhiger und gesträubter Front das Ergebnis der energischen Bewegungen dahinter erwartete. Wir trafen häufig auf Sky Parlor Hill einen Bekannten aus General Pembertons Stab, der mit Interesse die Operationen an der Küste über und unter uns zu beobachten schien. Wir konnten sehen, dass Vicksburg von den Bundestruppen ebenso aufmerksam beobachtet wurde.

Die Kanonenboote, die oben im Fluss lagen, schienen als Wachposten zu fungieren oder, wie ich es nennen könnte, eine Art Wachposten zu besetzen, denn ein Mann in Uniform lief ständig mit einem großen Glas unter dem Arm auf und ab, das er häufig hob und einen Blick auf die Stadt warf. Aber aus dieser Sicht muss Vicksburg für ihn zwischen seinen Hügeln ein versiegeltes Buch gewesen sein.

Eines Nachts hörten wir für ein oder zwei Stunden schweres Kanonendonner, das aufhörte und dann ganz früh am Morgen wieder einsetzte, zweifellos aus der Gegend von Warrenton. Wie wenig dachten wir, dass dies der Beginn einer Musik war, die uns noch wochenlang in den Ohren klingen würde! Wie wenig dachten wir, dass dies der Anfang von Unheil war! In dieser Nacht war der Himmel im Süden vom Licht eines großen Feuers purpurfarben gefärbt – die Ursache konnten wir nicht erfahren. Am nächsten Tag hörten wir, dass das kleine Dorf Warrenton durch von Booten abgeworfene Granaten niedergebrannt worden war. M—— kam an diesem Abend vorbei und erzählte uns, dass die Kanonenboote sich den Spaß damit gemacht hätten, Schüsse und Granaten auf das Fort zu werfen – dass nur sehr wenig Schaden angerichtet worden sei, außer dass ein Teil der Baumwolle, aus der das Fort bestand, in Brand geraten war, die noch immer unter den Erdarbeiten schwelte und langsam brannte. Bald darauf erfuhren wir von einigen unserer Freunde, dass das Fort in Warrenton still und leise geräumt worden war; zumindest waren alle Kanonen abtransportiert und zusammen mit Munition, Vorräten usw. nach Vicksburg gebracht worden; die Truppen wurden vorerst dort als Deckung zurückgelassen – all das erzählte mir M—— nicht. Es muss für die Männer eine Tortur gewesen sein, vollkommen ruhig zu liegen und ein Dauerfeuer zu ertragen, das sie nicht erwidern konnten. Doch es kam die Zeit, als diese Männer auf den Beschuss von Warrenton als eine Kleinigkeit zurückblicken konnten im Vergleich zu dem Kugel- und Granatenhagel, der hinter Vicksburg auf sie niederprasselte. Und jetzt begann meine Aufregung: M—— war unten und dem Feuer ausgesetzt, das wir jeden Morgen und Abend hörten; und ich betete so inbrünstig für ihn, da ich spürte, wie völlig machtlos ich war und wie barmherzig und mächtig unser Vater sein würde.

Der Samstag kam und mit ihm die Nachricht, dass am Black River eine Schlacht zwischen den Bundestruppen und General Pembertons Streitkräften im Gange war. Ich sah, wie eine strahlende Wange erbleichte, und spürte schweren Herzens, dass die Hoffnungen auf Glück für viele Jahre eines lieben Freundes von einem Leben abhingen, das er heute tapfer dorthin wagte. Oh, die schreckliche Ungewissheit dieses Tages, als wir spürten, dass, wie auch immer das Ergebnis ausfallen mochte (und wir zitterten davor), das Leben unserer Freunde uns alles in allem bedeutete.

KAPITEL VII.

SONNTAG, DER 17. – NACH DER KIRCHE – DIE DEMORALISIERTE ARMEE – GESCHICHTEN VON SOLDATEN.

Am Sonntag, dem 17. – dem denkwürdigen 17. Mai –, als wir uns gerade für die Kirche anzogen und fast fertig mit Schals und Handschuhen waren, hörten wir das laute Dröhnen von Kanonen. Erschrocken, denn zu diesem Zeitpunkt wussten wir nicht, *was* „eine Stunde bringen würde", und da wir niemanden sahen, der die plötzliche Aufregung erklären könnte, gingen wir die Straße hinunter, in der Hoffnung, einen Freund zu finden, der uns sagen könnte, ob es gefährlich sei, nicht zu Hause in der Kirche zu bleiben. Ich fürchtete mich, meine Kleine für längere Zeit allein zu lassen, wenn die Aussicht auf eine Schlacht bestand. Nachdem wir ein oder zwei Straßenzüge gegangen waren, trafen wir einen Offizier, der uns sagte, dass der Knall, den wir gehört hatten, von unseren eigenen Kanonen kam, die auf eine Gruppe von Soldaten feuerten, die einige Häuser auf der Halbinsel an der Küste Louisianas niederbrannten; er erzählte uns auch, dass es Gerüchte gegeben habe, dass General Pemberton zurückgeschlagen worden sei – dass viele Bürger hinausgegangen seien, um die Verwundeten der gestrigen Schlacht zu versorgen – und dass alle Pfarrer und Chirurgen, die gehen konnten, ebenfalls gegangen seien. Als die Glocke der Methodistenkirche jedoch klar und laut läutete, beschlossen mein Freund und ich hineinzugehen, und wir waren froh, dass wir das taten, denn wir hörten Worte der Ermutigung und des Trostes in dieser Zeit der Not. Der Redner war ein Reisender, der an diesem Tag die Kanzel vertrat, da der Pfarrer abwesend war, um die Verwundeten und Sterbenden auf dem Schlachtfeld zu pflegen. Dies war ein einfacher Mann mit einfachen, leidenschaftlichen Worten, aber mit so viel Herz in all seinen Übungen, dass wir nach dem Singen des letzten Kirchenliedes und dem Beten des letzten Gebets das Gefühl hatten, in einer reineren Atmosphäre gewesen zu sein. Nach dem Segen bat er die Damen, sich zu treffen und Vorkehrungen für Fussel und Verbände für die Verwundeten zu treffen. Auf dem Heimweg kamen wir an den Ecken an Gruppen besorgter Männer mit besorgten Gesichtern vorbei; nur sehr wenige Soldaten waren zu sehen; einige Batteriemänner und Offiziere, die für die Flussverteidigung benötigt wurden, gingen hastig die Straße hinauf. Doch trotz der angenehmen Luft und des Sonnenscheins des Tages schien eine sorgenvolle Düsternis über den Gesichtern der Menschen zu liegen: ein trauriges Warten auf Nachrichten, von denen nun alle wussten, dass sie von einer Katastrophe künden würden. Es schien kein Leben in der Stadt zu sein; mürrisch und erwartungsvoll schienen die Männer – weinerlich und hoffnungsvoll die Frauen – betend und hoffnungsvoll, möchte ich hinzufügen; denn so manche Mutter, die im Innersten über die Ungewissheit des Wohlergehens derer, die ihr am liebsten waren, stöhnte, kniete nieder und legte ihren Kummer am Fuße jenes Thrones nieder, wo kein ernsthafter Bittsteller jemals abgewiesen wird; wo der Kummer so manchen gebrochenen Herzens sich ergebend Seinem Willen beugte, der die Kinder der Menschen nicht freiwillig quält. Und so begann inmitten all der niedergeschlagenen Ungewissheit das Treiben von Reitern und Rädern, und Wagen kamen ratternd die Straße entlang – schnell in eine Richtung und dann wieder zurück, scheinbar ziel- oder zwecklos: hin und wieder sah man einen erschöpften und staubigen Soldaten mit seiner Decke und Feldflasche vorbeigehen; bald kam ein Nachzügler nach dem anderen vorbei, dann Gruppen von Soldaten, die vom langen Marsch erschöpft und staubig waren. „Was kann los sein?", riefen wir alle, als sich die Straßen und Bürgersteige mit diesen erschöpften und müde aussehenden Männern füllten. Wir ließen nach unten schicken, um zu fragen, und die Antwort war: „Wir sind ausgepeitscht, und die Unionssoldaten sind hinter uns her." Wir schnappten uns hastig Schleier und Hauben und gingen die Allee hinunter zum Eisengeländer, das den Hof von der Straße trennt.

„Wohin gehst du?", fragten wir.

Niemand schien geneigt, die Frage zu beantworten. Auf einigen Gesichtern, die sich zu uns erhoben, lag ein verlegener, gequälter Ausdruck; andere schienen nur die Ermüdung des langen Marsches zu spüren. Wieder fragten wir:

„Wohin in aller Welt gehst du?"

Endlich blickte einer der Männer ein wenig mürrisch auf und antwortete:

"Wir rennen."

„Von wem?", rief eines der jungen Mädchen im Haus.

„Die Regierung, ganz bestimmt", sagte ein anderer, halb lachend, halb beschämt.

„Oh! Schämt euch!", riefen die Damen. „Und ihr rennt!"

„Es ist alles Pems Schuld", sagte ein linkischer, langgliedriger und müde aussehender Mann.

„Es ist alles Ihre Schuld. Warum bleiben Sie nicht standhaft?", war die Antwort.

„Schämt euch alle!", riefen einige der Damen auf der anderen Straßenseite aufgeregt.

Ich konnte nicht umhin, Mitleid mit den armen, erschöpften Kerlen zu haben, die sich wirklich zutiefst zu schämen schienen; einige waren ohne Waffen, da sie ihre Waffen wahrscheinlich beim ersten Ausbruch der Kompanien verloren hatten.

„Wir sind von Ihnen enttäuscht!", riefen einige der Damen. „Wer soll uns jetzt Schutz bieten?"

„Oh!", sagte einer von ihnen, „das ist das erste Mal, dass ich laufe. Wir sind Georgier und sind noch nie gerannt. Aber wir sahen sie alle losrennen und losrennen, und wir konnten es allein nicht aushalten."

Wir fragten sie, ob sie kein Wasser wollten, und einige von ihnen kamen in den Hof, um es zu holen. Die Dame des Hauses bot ihnen etwas zu Abendbrot an, und während sie aßen, waren wir so interessiert, dass wir herumstanden und sie nach dem Ergebnis des Tages befragten. „Es ist alles General Pembertons Schuld", sagte ein Sergeant. „Ich bin ein Missourianer, und unsere Jungs haben es fast allein ausgehalten, ohne zu wissen, was getan werden sollte. Trotzdem kämpften wir so lange wie möglich, jeder verließ uns und wir mussten zurückweichen. Wissen Sie, Madam, wir Missourianer kämpfen immer gut, selbst wenn wir uns danach zurückziehen müssen."

„Oh!", sagte ein alter Mann, „wir hätten gut zusammengepasst, aber General Pemberton kam und sagte: ‚Bleibt standhaft, Jungs. Euer General Pemberton ist bei euch.' Und dann, Gott segne euch, Lady! Das nächste, was wir von ihm sahen, war, dass er auf seinem Pferd hinter einem Haus saß – und zwar ganz nah. Und als wir das sahen, dachten wir: ‚Es hat keinen Sinn, wenn er da sitzen bleibt.'"

Wir mussten über die Geschichte und den Ärger des alten Mannes lachen. Später wurde uns gesagt, dass General Pemberton mutig war und der Fehler bei der Truppenaufstellung lag.

Und wohin diese müden und erschöpften Männer gingen, konnten wir nicht sagen. Ich glaube, sie wussten es selbst nicht.

KAPITEL VIII.

FRISCHE TRUPPEN AUS WARRENTON FÜR DIE SCHIENEN – „WIR WERDEN EUCH SCHÜTZEN" – ÄNGSTE.

Bei Einbruch der Dunkelheit marschierten die frischen Truppen aus Warrenton vorbei und gingen zu den etwa drei Kilometer entfernten Schützengräben im hinteren Teil der Stadt. Viele Offiziere befürchteten, dass die Befestigungen aufgrund ihrer Unvollständigkeit eingenommen werden könnten, wenn die Bundestruppen ihren Vorsprung nutzend sofort weiter vorrückten.

Als die Truppen aus Warrenton vorbeizogen, schwenkten die Damen ihre Taschentücher, jubelten ihnen zu und riefen:

„Das sind die Truppen, die nicht geflohen sind. Ihr werdet uns beistehen und uns beschützen, nicht wahr? Ihr werdet nicht *zurückweichen* und die Union hinter euch bringen."

Und die Männer, die frisch und munter waren, schwangen ihre Hüte und versprachen, für die Damen zu sterben – niemals zu fliehen – niemals zurückzuweichen; während die armen Kerle auf dem Bürgersteig, die auf ihren Decken saßen – auf dem Boden lagen – sich an Bäume lehnten oder sonst wo, um ihre müden Körper auszuruhen, still und niedergeschlagen zusahen. Sie waren nicht zu tadeln, diese armen, müden Kerle. Wenn sie keinen Erfolg hatten, dann war es so wie vielen Männern vor ihnen ergangen; und dann zeigen uns das Durchhalten des langen Fastens in den Schützengräben und die Kühle inmitten der Kugel- und Granatenhagel, die später auf das ergebene Vicksburg abgefeuert wurden, dass Männer, auch wenn sie unglücklich sind, ihren Charakter wiedererlangen können.

„Heute sind viele Menschenleben verloren gegangen", sagte ein Soldat zu mir, „viele Offiziere und Soldaten."

„Ah! Ja, wirklich", sagte ich, denn die Krankenwagen waren mit Verwundeten und Toten vorbeigefahren, und einer kam langsam vorbei, neben ihm ritten Offiziere, und trug den toten Körper von General Tilghman, aus dem langsam Blut tropfte. Man erzählte uns auch von einem Freund, der tödlich verwundet worden war.

Was für ein trauriger Abend wir verbrachten – ständig hörten wir von Freunden und Bekannten, die tot auf dem Schlachtfeld zurückgelassen oder tödlich verwundet worden waren und mit Krankenwagen ins Krankenhaus gebracht wurden! Wir hatten fast Angst, uns in dieser Nacht zurückzuziehen; niemand schien zu wissen, ob die Bundesarmee vorrückte oder nicht; einige sagten uns, sie sei viele Meilen entfernt, und andere, sie sei ganz in der Nähe.

Woher wussten wir das, außer dass wir in der Nacht durch den Tumult ihrer Ankunft aufgeweckt werden könnten!

Die Straßen wurden ruhig; der Lärm und das Treiben waren mit der Aufregung des Tages verstummt, und abgesehen von dem gelegentlichen schnellen Vorbeifahren eines Offiziers oder eines Armeewagens waren sie fast menschenleer. Und was wird der Morgen bringen?, dachte ich, als ich mich vom Balkon meines Zimmers lehnte. Werden diese Straßen vom Tritt der siegreichen Armee widerhallen? Ich schreckte vor dem Gedanken zurück. Was könnte unser Schicksal ohne Beschützer sein? – vielleicht aus unseren Häusern vertrieben zu werden, als Witwen und Waisen. Aber der Himmel über uns, so ruhig – so glatt und besänftigend – das ruhige Gleiten des stillen Flusses – und der Wind, der die Bäume mit einer monotonen Woge wiegte – unterdrückten und vertrieb diese bösen Gedanken; und das gesegnete Vertrauen und der Glaube an Ihn, der allmächtig ist, kamen mit neuem Balsam in mein besorgtes Herz.

KAPITEL IX.

DER BALL IN BEWEGUNG – BLICK VOM GERICHTSGEBÄUDE – BUNDESGEFANGENE WERDEN ÜBER DEN FLUSS GESCHICKT – BEWEGUNGEN DES KANONENBOOTS.

Am nächsten Morgen war alles ruhig; wir hörten keine beunruhigenden Gerüchte; die Soldaten wurden zusammengetrieben und in die Schützengräben gebracht; Vicksburg wurde regelmäßig belagert, und wir sollten zu Hause bleiben und den Verlauf der Schlacht beobachten. Die Schützengräben und Schützengräben waren fast drei Kilometer von der Stadt entfernt. Wir würden außer Gefahr sein, dachten wir; aber wir wussten nicht, was uns hinter der Flussbiegung erwartete. Der Tag verging; noch immer war alles ruhig. In der Nacht schöpften wir neue Hoffnung: Die Bundestruppen waren noch nicht vorgerückt – eine weitere ruhige Nacht und ein ruhiger Morgen. Um drei Uhr abends dröhnte die Artillerie aus den Schützengräben, ein Gebrüll nach dem anderen, gefolgt vom Knattern der Musketen: Die Bundestruppen führten ihren ersten Angriff aus. Als wir von der hinteren Veranda hinausschauten, konnten wir den Rauch deutlich sehen, bevor uns der Knall der Geschütze erreichte. Unsere Angst war in der Tat groß, da uns am Abend zuvor von Herren erzählt worden war, dass die Stellungen hinter Vicksburg alles andere als hervorragend seien.

Die Musketenschüsse waren unregelmäßig. Doch uns, die wir an unsere Lieben dachten, die diesem häufigen Feuer ausgesetzt waren, bereitete die ruhelose Vorahnung und das Unglück, das der ferne Kampflärm auslöste, wirklich großen Schmerz. Nachdem wir eine Weile den Schüssen gelauscht hatten, die sich in der Ferne wie das schnelle, aufeinanderfolgende Einschlagen von Kugeln auf Eisenblech anhörten, ertönten immer wieder Kanonendonner in unserer Nähe. Bei jedem Schuss schlug unser Herz schneller. In der Stadt herrschte große Aufregung. Gruppen von Menschen standen auf jeder verfügbaren Position, von der aus man die fernen Hügel sehen konnte, wo ständig weiße Rauchwolken zwischen den Bäumen hervorquollen.

Einige unserer Freunde schlugen vor, von dem Balkon rund um die Kuppel des Gerichtsgebäudes aus eine bessere Aussicht zu haben. Von dort aus war die Aussicht äußerst weitläufig und wunderschön. In der Ferne erhob sich ein Hügel nach dem anderen, die die Stadt halbmondförmig umschlossen. Unmittelbar in der Mitte und östlich des Flusses schien das Feuer ununterbrochener zu sein, während links und in nördlicher Richtung das Rattern und Brüllen plötzlich, scharf und heftig wurde und dann für einige Zeit aufhörte. Die Hügel in der Nähe der Stadt und tatsächlich jeder Ort, der beeindruckend und sicher schien, waren mit besorgten Zuschauern bedeckt – viele von ihnen Damen –, die den Ausgang des Konflikts am Nachmittag fürchteten. Ganz links und im Norden, in der Nähe des Flusses, wurde der Krieg allgemeiner, während in Richtung der Mitte das Feuer langsamer wurde.

Welch schöne Landschaft lag vor uns! In der Ferne lagen die kultivierten Hügel – einige waren bereits gelb vom Getreide, während auf anderen Hügeln und in den Tälern das tiefe Grün der Bäume den Schatten in der schönen Landschaft bildete.

Inmitten der Baumgruppe am entfernten Hügel konnte man die Batterien der Konföderierten an den häufigen Rauchwolken der Kanonen erkennen. Als wir uns dem Fluss zuwandten, konnten wir ein Kanonenboot sehen, das die Kühnheit besaß, so nah wie möglich an die Stadt heranzukommen und mit Dampf gerade außerhalb der Reichweite der Batterien der Konföderierten zu liegen kam.

Zwei weitere lagen etwa eine halbe Meile oberhalb und näher am Kanal; zwei oder drei Transportschiffe hatten Dampf aufgenommen und lagen nahe der Kanalmündung. Unterhalb der Stadt war ein Kanonenboot aufgetaucht und außerhalb der Reichweite auf der Louisiana-Seite gelandet. Es versuchte, die unteren Batterien der Stadt anzugreifen – und feuerte etwa alle fünfzehn Minuten. Während wir auf den Fluss blickten, sahen wir zwei große Jollen vom Ufer ablegen, an die zwei größere Boote gebunden waren, die voller Männer waren.

Wir erfuhren, dass es sich um Bundesgefangene handelte, die in der Stadt festgehalten worden waren und heute auf Ehrenwort entlassen und in das Bundeslager geschickt worden waren, damit die Ressourcen der Garnison möglichst geschont und die Notwendigkeit ihrer Versorgung vermieden werden konnten.

Der Gedanke stimmte mich ernst. Wir konnten uns jetzt vielleicht wirklich auf echtes Leid freuen.

Dennoch bereute ich meinen Entschluss zu bleiben nicht und hätte die Stadt heute ungern verlassen als je zuvor, denn wir spürten, dass nun tatsächlich das ganze Land nicht mehr sicher war und dass unsere einzige Hoffnung auf Sicherheit in Vicksburg lag.

Die kleinen Boote mit ihren Gefangenen hatten das gegenüberliegende Ufer erreicht. Wir konnten die befreiten Männer am Flussufer entlanggehen sehen. Wir konnten auch sehen, wie der kleine Dampfschlepper herunterkam und bei dem Kanonenboot in der Nähe der Stadt anhielt. Er besuchte auch die Transportschiffe und Kanonenboote in der Nähe des

Kanals und dampfte dann mit großer Geschwindigkeit den Fluss hinauf in Richtung der Mündung des Yazoo.

Als wir noch einmal durch ein Fernglas in den hinteren Teil der Stadt blickten, konnten wir die Soldaten der Südstaaten sehen, die an ihren Waffen arbeiteten und hinter einem Fort auf einem näheren Hügel marschierten. Die Bundestruppen waren zu weit entfernt, um sie zu erkennen.

Einige Krankenwagen kamen in die Stadt und brachten wahrscheinlich Verwundete vom Feld.

Wir sahen einen Offizier mit einem Verband am Kopf und einer Armschlinge hereinkommen. Sein Diener ging neben ihm und führte sein Pferd. Abgesehen von der ernsten Zuschauergruppe, die von einem Ort zum anderen zog, schien die Stadt vollkommen ruhig.

Als ich wieder zum Fluss blickte, behielt das Kanonenboot bei den unteren Batterien seine alte Position bei und feuerte langsam auf den unteren Teil der Stadt. Und weit drüben am anderen Ufer bemerkte ich beim schnellen Gehen die Gestalten der befreiten Gefangenen in der Nähe des Kanals, die selbst mit Hilfe eines Fernglases schnell undeutlich wurden.

Und so begann die Dämmerung über die Szene hereinzubrechen, ließ den Lärm und Aufruhr des Schlachtfeldes nur noch gelegentlich verstummen, senkte sich sanft und lautlos auf den Fluss, trennte uns immer mehr von den wütenden Leidenschaften, die um uns herum tobten, und ließ nur den Himmel über uns und den kleinen Raum des Lebens, den wir einnehmen, deutlich vor unseren Augen erscheinen.

KAPITEL X.

Unbegründete Angst vor einem Angriff durch Kanonenboote – Granaten
fallen – der Beschuss beginnt – Höhlenschutz – Garnisonstruppen –
Höhlen und Höhlenleben.

Von Herren, die am Abend des Angriffs hinter der Stadt vorbeischauten,
erfuhren wir, dass es angesichts der Bewegungen auf dem Fluss durchaus
wahrscheinlich war, dass die Kanonenboote noch in dieser Nacht angreifen
würden. Wir blieben die ganze Nacht über angezogen; ein- oder zweimal
sprangen wir auf, als uns ein Kanonendonner überrumpelte; aber nachdem
wir eine Zeitlang in der Dunkelheit der Veranda gewartet hatten, überzeugte
uns die vollkommene Stille der Stadt, dass unsere Besorgnis unnötig war.

Am nächsten Tag wurden zwei oder drei Granaten vom Schlachtfeld
abgefeuert und explodierten in der Nähe des Hauses. Das war unser erster
Schock, und zwar ein heftiger. Den ganzen Tag trauten wir uns nicht, in den
hinteren Teil des Hauses zu gehen.

Einige der Bediensteten kamen und stiegen zu unserem Schutz neben uns
nieder, während andere ihre Arbeit fortsetzten, als empfanden sie
vollkommene Verachtung für die Granaten.

Am Abend waren wir durch das laute Krachen und Heulen der
Mörsergranaten zu Tode erschrocken und sehr aufgeregt; wir rannten zu der
kleinen Höhle in der Nähe des Hauses und verbrachten die Nacht darin,
waren inzwischen erschöpft und fast benommen vom Schlafmangel.

Die Höhlen wurden offensichtlich notwendig, da einige Menschen auf der
Straße durch Granatsplitter getötet worden waren. Das Zimmer, in dem ich
zuletzt geschlafen hatte, war in der ersten Nacht von einem Granatsplitter
getroffen worden und hatte ein großes Loch in die Decke gerissen. Ich werde
nie meine extreme Angst während der Nacht vergessen und meine völlige
Hoffnungslosigkeit, jemals das Morgenlicht zu erleben. Voller Angst blieben
wir in der Höhle zusammengekauert, während eine Granate in schneller
Folge auf die andere folgte. Ich versuchte, mich durch unaufhörliches Gebet
auf den plötzlichen Tod vorzubereiten, der mich, da war ich mir fast sicher,
erwartete. Mein Herz stand still, als wir die Schüsse der Gewehre hörten und
das sausende und furchterregende Geräusch der Granate, die auf uns zukam.
Je näher sie kam, desto ohrenbetäubender wurde der Lärm; die Luft war
erfüllt von dem sausenden Geräusch; Schmerzen schossen durch meine
Schläfen; meine Ohren waren voll von dem verwirrenden Lärm; und als es
explodierte, schoss der Knall wie ein elektrischer Schlag durch meinen Kopf
und ließ mich in einen Zustand stiller Angst zurück, der schmerzhafter war,

als ich ihn mir vorstellen konnte – ich kauerte mich in eine Ecke und drückte mein Kind an mein Herz – das einzige Gefühl meines Lebens waren die erstickenden Schläge meines Herzens, die mir fast den Atem raubten. Als sie einzeln zu weit oder über die Höhle hinaus fielen, weckte mich ein Gefühl der Dankbarkeit, das nur von kurzer Dauer war. Immer wieder überkam uns in dieser Nacht der schreckliche Schreck.

Ich sah, wie eines auf die Straße vor dem Höhleneingang fiel, wie eine Feuerflamme, die die Erde erzittern ließ, und mit einem leisen, singenden Geräusch rasten die Bruchstücke weiter in ihrem tödlichen Werk.

Am Morgen waren wir mehr tot als lebendig, mit bleichen Gesichtern und zitternden Lippen. Es beruhigte uns nicht, als wir von einem Mann, der in der Höhle Zuflucht gesucht hatte, hörten, dass eine Mörsergranate beim Einschlag die Dicke der Erde über uns nicht als Umstand berücksichtigen würde.

Einige der Damen, die bei Tageslicht mutiger waren, fragten ihn, warum er dort drinnen sei, falls das der Fall sei. Er schwieg eine Stunde lang, bevor er ging. Als der Tag voranschritt und wir immer noch überlebt hatten, obwohl die Granaten wie immer einschlugen, waren wir einigermaßen ermutigt.

Am nächsten Morgen hörten wir, dass Vicksburg aller Wahrscheinlichkeit nach nicht länger als ein oder zwei Wochen standhalten würde, da die Garnison schlecht versorgt sei. Einer von General Pembertons Stabsoffizieren teilte uns mit, dass die effektive Stärke der Garnison nach einer Schätzung 15.000 Mann betrage. General Loring war nach der Schlacht am Black River mit wahrscheinlich 10.000 Mann abgeschnitten worden.

Die Damen riefen alle: „Oh, gib niemals auf!", aber nach den Erlebnissen in dieser Nacht wusste ich wirklich nicht, was ich wollte oder was meine Meinung war.

Wie oft dachte ich an M. auf dem Schlachtfeld und an seine Sorge um uns inmitten dieser unerwarteten Gefahr, bei der die Sicherheit ganz auf Seiten der kriegführenden Herren lag, die uns mindestens drei Kilometer von der Stadt entfernt in der Flussbiegung in der Nähe des Kanals so wütend unter Beschuss nahmen.

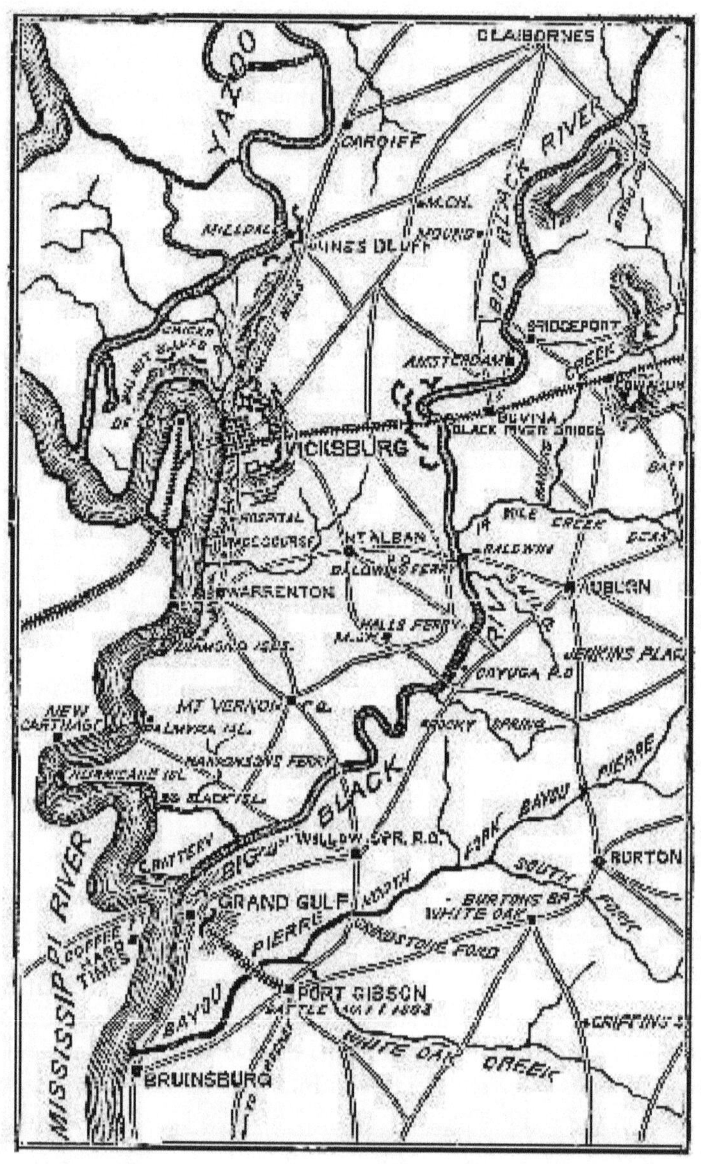

Die Granaten fielen so ununterbrochen um die Stadt herum, dass die Einwohner alle Vorbereitungen trafen, während der Belagerung unter der Erde zu leben. M—— schickte hinüber und ließ in einem nahe gelegenen Hügel eine Höhle bauen. Eines Abends, als die Kanonenschützen wahrscheinlich beim Abendessen waren, nutzten wir die Gelegenheit, hinüberzugehen und sie in Besitz zu nehmen, denn wir hatten ein paar ruhige Augenblicke. Wir standen unter der Obhut eines Freundes von M——, der

Zahlmeister im Stab desselben Generals war, bei dem M——— Adjutant war. Wir hatten auf beiden Seiten Nachbarn; und es wäre für einen Zuschauer ein amüsanter Anblick gewesen, die häuslichen Szenen zu beobachten, die sich draußen durch die zahlreichen Bediensteten boten, die unter dem hohen Wall, der die Höhlen beherbergte, die Mahlzeiten zubereiteten.

Unsere Essens-, Frühstücks- und Abendessenszeiten waren recht unregelmäßig. Wenn die Granaten schnell fielen, kamen die Diener herein, um uns in Sicherheit zu bringen, und unsere Mahlzeiten warteten eine kleine Weile, bis sie fertig waren; dann fielen sie langsam, mit vielen Minuten dazwischen, und dann machten sich die Köche an ihre Arbeit.

Einige Familien ließen große Mengen an leichtem Brot backen und ernährten sich davon mit Milch (sofern ihre Kühe nicht von einer Melkzeit zur nächsten geschlachtet wurden), ohne weiteres Kochen, bis sie zum Nachfüllen gerufen wurden. Obwohl die meisten von uns von Maisbrot und Speck lebten, das dreimal täglich serviert wurde und dessen einziger Luxus darin bestand, dass es warm war, hatte ich etwas Mehl und ließ mir häufig harte, zähe Kekse daraus backen, da weder Soda noch Hefe zu besorgen waren. Zu dieser Zeit konnten wir uns auch Rindfleisch besorgen. Ein befreundeter Herr war so freundlich, mir sein Feldbett anzubieten, eine schmale Federkernmatratze, die sehr bequem in die enge Höhle passte; ein anderer hatte sein Zeltdach über den Eingang unseres Hauses gespannt, um uns vor der Sonne zu schützen; und so wurde ich der Empfänger vieler Gefälligkeiten und vielen Herren der Armee für ihre liebevolle und freundliche Aufmerksamkeit verpflichtet; und wenn ich auf meine damaligen Prüfungen zurückblicke, werde ich mich immer mit Dankbarkeit an die Freundlichkeit erinnern, mit der sie sich bemühten, jede Entbehrung abzuwehren. Und so ging ich regelmäßig zur Arbeit und führte den Haushalt unter der Erde. Unsere neue Behausung war eine in die Erde gegrabene Aushöhlung, die sich sechs Fuß vom Eingang entfernt verzweigte und eine T-förmige Höhle bildete. In einen der Flügel passte mein Bett, den anderen benutzte ich als eine Art Ankleidezimmer; in diesem war die Erde einen oder zwei Fuß unter den Boden der Haupthöhle gegraben worden; hier konnte ich aufrecht stehen; und wenn ich es satt hatte, in anderen Teilen meiner Behausung zu sitzen, beugte ich mich hinein und stand ungerührt in voller Höhe da – eine der Variationen des stillen Lebens in der Erwartung einer Muschel. M—s Diener kochte für uns im Schutz des Hügels. Unsere Quartiere waren tatsächlich eng, aber ich fühlte mich wohler, als ich erwartet hatte, dass ich es auf diese Weise unter der Erde hätte einrichten können.

Zumindest vor Granatsplittern waren wir sicher – und sie flogen in alle Richtungen; obwohl niemand zu glauben schien, dass unsere Höhle irgendeinen Schutz bot, sollte eine Mörsergranate direkt auf den Boden über uns fallen. Unser Dach war gewölbt und abgestützt, wobei die Stützen der

Stützen in unseren beengten Räumen viel Platz einnahmen. Die Erde war etwa fünf Fuß dick und schien hart und kompakt; dennoch untersuchte der arme M—— sie jedes Mal, wenn er hereinkam, aus Angst, dass sie bei einigen der Stöße, die sie erlitt, zerbrechen und auf uns fallen könnte.

KAPITEL XI.

LEBENDIG BEGRABEN – EINBRUCH – AUFtauchen einer Muschel in der Nacht – UNTER DER WURZEL EINES FEIGENBAUMS.

Eines Nachmittags erklangen inmitten des Lärms und der Explosion der Granaten Schreie und Geschrei – die Schreie von Frauen inmitten des Kreischens der fallenden Granaten. Der Dienstjunge George, der ein- oder zweimal auf- und abging – seine Schüchternheit siegte über seine Neugier (ich war darüber nicht im Geringsten überrascht) –, nahm schließlich seinen Mut zusammen und ging zu der Schlucht in unserer Nähe, aus der die Schreie kamen, und fand einen Neger, der lebendig in einer Höhle begraben worden war; er war zu diesem Zeitpunkt allein. Arbeiter wurden sofort losgeschickt, um ihn, wenn möglich, zu befreien; aber als man ihn fand, war der Unglückliche offensichtlich schon seit einiger Zeit tot. Seine Frau und seine Verwandten waren über alle Maßen verzweifelt und erfüllten die Luft mit ihrem Schreien und Stöhnen.

Dieser Vorfall ließ meine Zweifel an meiner Höhle noch größer werden; ich fürchtete, ich könnte jederzeit lebendig begraben werden. Am selben Tag ereignete sich noch ein weiterer Vorfall: Ein Herr aus Vicksburg ließ eine große Höhle bauen und drängte seine Frau wiederholt, das Haus zu verlassen und hineinzugehen. Sie weigerte sich hartnäckig, und da sie eine schwere Invalidin war, lag sie auf dem Bett, als er sie bei der Hand nahm und so hartnäckig darauf bestand, dass sie ihn begleitete, dass sie nachgab; und sie hatten das Haus kaum verlassen, als eine Mörsergranate durchschlug, das Bett, das gerade erst geräumt worden war, völlig zerstörte, den Boden aufriss und das Zimmer fast vollständig zerstörte.

In dieser Nacht, nachdem mein Kleines zu Bett gebracht worden war, saß ich am Eingang der Höhle, die Diener um mich geschart, und beobachtete das brillante Feuerwerk, das die Mörserboote machten – der Flug der Granate durch den Himmel sah aus wie ein sich schnell bewegender Stern. Als sie fiel, näherte sie sich der Erde so schnell, dass sie eine Feuerspur zu hinterlassen schien.

In dieser Nacht blieben wir auf unseren Plätzen, als sie alle schnell über uns hinwegflogen und keiner in unserer Nähe einschlug. Die Brandgranaten sahen noch schöner aus. Als sie in der Luft explodierten, fielen die brennenden Kugeln wie große, klare, blau-bernsteinfarbene Sterne herab und zerstreuten sich hierhin und dorthin.

„Miss M——", sagte einer der schüchterneren Bediensteten, „wollen sie uns alle umbringen? Werden sie so weitermachen, bis wir alle tot sind?"

Ich sagte von ganzem Herzen: „Das hoffe ich nicht."

Die Diener, die wir bei uns hatten, schienen mehr Mut zu besitzen, als man normalerweise Negern zuschreibt. Sie zögerten selten, die Straße zu überqueren, um Wasser zu holen. Der „Junge" schlief am Eingang der Höhle, mit einer Pistole, die ich ihm gegeben hatte, und sagte mir, ich müsse „keine Angst haben – jeder, der hierher käme, müsste zuerst über seinen Körper gehen."

Er weigerte sich nie, M——— auf dem Schlachtfeld einen kleinen Gegenstand zu bringen. Ich lachte herzlich über ein Dilemma, in das er eines Tages geriet: Das Maultier, auf das er gestiegen war, um zum Schlachtfeld zu reiten, brachte ihn an eine gefährliche Stelle, wo die Granaten dicht flogen, und blieb dann plötzlich vor Schreck stehen und weigerte sich hartnäckig, sich zu rühren. Es war vergebens, dass George ihn trat und schlug – er wollte nicht gehen; also ballte er die Hand, schlug ihm mehrere Male heftig auf den Kopf, sprang herunter, rannte nach Hause und ließ ihn zurück. Das Maultier stand einige Minuten starr da, dann drehte es sich um, sah George in einiger Entfernung von sich, drehte sich um und folgte ihm ganz sittsam.

Jeden Tag, wenn die Kuriere in die Stadt kamen, schrieb mir M. kleine Briefe, in denen er sich nach unserem Wohlergehen erkundigte und mir vom Fortgang der Belagerung berichtete. Ich schrieb ihm im Gegenzug, dass es uns gut gehe, war aber immer vorsichtig, wenn ich von der Gefahr sprach, der wir ausgesetzt waren. Ich dachte, der arme M. hätte genug, um sich auf die Probe zu stellen, ohne sich auch noch Sorgen um uns machen zu müssen; also spielte ich meine Ängste nicht ernst, die in Wirklichkeit schnell nachließen. Jede Woche kam er persönlich vorbei, um sich zu erkundigen. In seinen Briefen forderte er mich besonders auf, auf die Vorräte zu achten, damit niemand sagen könne, was wir brauchen könnten.

In einem seiner Briefe schreibt er: „Ich lebe bereits von Erbsenmehl und kann mir nicht vorstellen, dass du hierher kommst." Eine Sache, die ich erst kürzlich in meiner Höhle gelernt hatte, war, gutes Brot zu backen: Einer meiner Höhlennachbarn hatte mir Hefe und Anweisungen gegeben. Ich wiederum hatte einen Diener instruiert, damit wir das Mehl, wenn wir es verwendeten, in einer ansprechenderen Form präsentieren konnten.

Eines Morgens, nach dem Frühstück, begannen die Granaten so dicht um uns herum zu fallen, dass es schien, als ob sie genau auf die Stelle gezielt hätten, an der sich unsere Höhle befand. Zwei oder drei fielen direkt hinter uns ein und explodierten wenige Augenblicke, bevor sie den Boden erreichten, und die Fragmente sausten zischend über das Dach unserer Behausung. Schließlich war ich so beunruhigt – da die Höhle stark bebte – um unsere Sicherheit, dass ich beschloss, lieber aus der Erde hervorzustehen, als lebendig begraben zu werden. Also nahm ich mein Kind in die Arme, rief die Diener und wir rannten zu einem Unterschlupf in der Nähe der Wurzeln eines großen Feigenbaums, der über das Ufer ragte und uns vor den Granatsplittern schützte. Während wir zitternd dort standen – denn die Granaten fielen überall um uns herum –, kamen einige meiner Freunde herbei, um mich zu beruhigen, und sagten mir, der Baum würde uns schützen und die Reichweite würde sich wahrscheinlich in Kürze ändern. Während sie sprachen, fiel eine Granate, die enorm groß zu sein schien, schreiend und zischend direkt vor dem Eingang unserer Höhle, nur wenige Meter vom Eingang entfernt, und schickte eine riesige Säule aus Rauch und Erde hoch, die den Boden dort, wo wir standen, am deutlichsten erschütterte. Was sehr seltsam schien, war, dass sich die Erde um die Granate schloss und nur der neu aufgewühlte Boden übrig blieb, der zeigte, wo sie gefallen war.

Es dauerte lange, bis die Reichweite geändert wurde und die schrecklichen Raketen jenseits von uns einschlugen – lange, bis ich mich dazu entschließen konnte, in unsere traurig bedrohte Heimat zurückzukehren.

Bei meiner Rückkehr stellte ich fest, dass die Wände hier und da von Rissen durchzogen waren, die Erde über uns jedoch fest geblieben war. Ich nahm wieder Besitz von ihr, resigniert, aber auch voller Angst und Zittern.

KAPITEL XII.

FEUER IN DER NACHT – EINE KNAPPE ENTKOMMEN – MONDLICHT – GRANAT VOM SCHLACHTFELD – BESCHÄFTIGUNG UND VERKEHR.

Da ich meinen früheren Entschluss nicht mehr im Griff hatte, hörte ich die Mörsergranaten wieder mit größtem Schrecken, und es dauerte viele Tage, bis ich die Gelassenheit wiedererlangte, die ich mir so lange angeeignet hatte. In dieser Nacht wütete, wie schon ein paar Nächte zuvor, ein großes Feuer in der Stadt. Man sagte mir, dass ein großes Lagerhaus voller Proviant brannte und grelle Lichter über die Stadt warf. Und mittendrin fielen – mit Schreien und heftigen Explosionen, die tödliche Splitter in alle Richtungen schleuderten – unsere alten und unerbittlichen Feinde, die Mörsergranaten.

Die Nacht war so warm und die Höhle so eng, dass ich versuchte, draußen am Eingang zu sitzen. George sagte, er würde Wache halten und sagen, wann sie auf uns zustürzten. Bald war der Schuss zu hören, und George, der auf dem Hügel aus lockerer Erde in der Nähe der Höhle stand, blickte aufmerksam nach oben, während ich mit angehaltenem Atem ängstlich lauschte, als er rief: „Da kommt sie! Sie geht rüber!" und dann wieder: „Sie kommt – sie fällt – sie fällt genau hierher!" Dann sprang ich auf und zögerte einen Moment, ob ich in der Höhle Schutz finden würde. Plötzlich, als das rauschende Herunterfallen zu hören war, rannte ich überstürzt in die Höhle zurück, gefolgt von den Dienern.

In dieser Nacht konnte ich kaum schlafen, so laut und häufig waren die Explosionen. Bevor wir uns zurückzogen, hatte George vor der Tür gelegen. Ich war gegen zwölf Uhr aufgestanden und schaute auf die verschiedenen Lichtspuren, die den Weg der Granaten markierten, als mir auffiel, dass George nicht an seinem üblichen Platz am Eingang war. Als ich hinausschaute, sah ich, dass er in einiger Entfernung tief und fest schlief und viele Granatsplitter in seiner Nähe einschlugen. Ich weckte ihn und sagte ihm, er solle zu seiner Sicherheit zum Eingang kommen. Er war kaum aufgestanden, als ein riesiges Granatsplitterstück vorbeigeflogen kam, dem George glücklicherweise rechtzeitig auswich und das genau an der Stelle einschlug, an der er so kurz zuvor geschlafen hatte.

Da ich Angst hatte, mich zurückzuziehen, saß ich im Mondlicht am Eingang. Das Lichtquadrat im Türrahmen hob unser kleines Bett mit dem schlafenden Kind von der dunklen Höhlenwand ab, ließ den kleinen Spiegel und ein oder zwei Bilder, die ich an die Wand gehängt hatte, unförmige Schatten werfen, färbte den purpurnen Schal, der den Eingang meines kleinen Ankleidezimmers bedeckte, mit Licht auf die äußeren Falten und verdunkelte die inneren Rundungen im Schatten. Dieser silbrige Mondschein in der dunklen Erde verschönerte alles und verschönerte mein Herz mit leichteren und hoffnungsvolleren Gedanken. Wohin auch immer die Sünden der Welt uns gebracht haben mögen, wie dunkel und furchterregend das Leben auch sein mag, dem der Mensch uns aussetzen mag, unser himmlischer Vater segnet uns stets gleichermaßen mit der Wärme der Sonne und der Schönheit des Mondes, segnet uns stets mit der Hoffnung, dass uns, wenn unsere Mühen und Plagen hier zu Ende sind, der Frieden und das schöne Leben des Himmels gehören werden.

Die Tage vergingen, und die Mörsergranaten waren immer wieder über uns hinweggeflogen, ohne in unserer Nähe einzufallen. Angesichts der Gefahr, in der wir uns befanden, war ich also ganz beruhigt, als eine der Batterien der Unionstruppen gegenüber den Schützengräben ihre Schussweite änderte und jeden Abend ungefähr um 18 Uhr Parrott-Granaten surrend in die Stadt einschlugen und den Höhlenbewohnern einen furchtbaren Schrecken einjagten.

Unsere Strategie beim Bau war, die Höhlen direkt vom Fluss weg zu bauen, und alle Höhlen wurden so weit wie möglich auf diese Weise vorbereitet. Da die Granatsplitter nach der Explosion mit derselben Wucht weiterflogen, nur in eine Richtung, war es unwahrscheinlich, dass sie uns erreichten, wenn sie auf diese Weise ihren Kurs hielten.

Aber das war unerwartet – Kanonen warfen Granaten vom Schlachtfeld direkt auf den Eingang unserer Höhlen. Sollte es für die Frauen von Vicksburg wirklich keine geistige Ruhe geben?

Die Höhle, die wir bewohnten, war etwa fünf Quadratkilometer vom Deich entfernt. In einem Hügel direkt hinter uns waren viele davon gegraben worden, und in der Nähe dieses Hügels konnten wir die meisten Granaten fallen sehen. Höhlen waren im belagerten Vicksburg in Mode – der letzte Schrei. Neger, die etwas von ihrem Geschäft verstanden, verdingten sich, um sie zu graben, und verdienten je nach Größe zwischen dreißig und fünfzig Dollar. Viele Leute, die verschiedene Gegenden als unsicher betrachteten, verkauften sie an andere, die weniger Glück oder weniger Vorsorge hatten; und die Nachfrage nach Höhlenarbeitern war so groß, dass ein neuer Industriezweig entstand und populär wurde – besonders, da die persönliche Sicherheit der Arbeiter und auch das Geld gesichert waren.

KAPITEL XIII.

Granaten aus der Rückseite der Stadt – göttliche Erlösung – Pantomime –
Erbsenmehl – Krankenhausunfall.

Es war etwa vier Uhr an einem Mittwochabend – der Artilleriebeschuss war
tagsüber wie üblich weitergegangen – ich las in Sicherheit, wie ich mir
vorstellte, als uns das unverkennbare Surren von Parrott-Granaten verriet,
dass die Batterie, die wir so sehr fürchteten, aus den Schützengräben
herausgeschossen war. Ich rannte zum Eingang, um die Dienerschaft
hereinzurufen; und gleich nachdem sie eingetreten waren, schlug eine
Granate wenige Meter vom Eingang entfernt in die Erde ein und bohrte sich,
ohne zu explodieren. Ich rannte in das kleine Ankleidezimmer und konnte
sie von allen Seiten um uns herum einschlagen hören. Ich kauerte mich dicht
an die Wand, denn ich wusste nicht, in welchem Moment eine in der Höhle
einschlagen könnte. Ein Mann kam sehr verängstigt herein und bat darum,
bleiben zu dürfen, bis die Gefahr vorüber sei. Die Dienerschaft stand in der
kleinen Nische neben dem Bett, und der Mann suchte Zuflucht in dem
kleinen Winkel, in dem ich stationiert war. Er war erst seit kurzer Zeit dort
und stand vor mir und in der Nähe der Wand, als eine Parrott-Granate durch
den Eingang gewirbelt kam und in der Mitte der Höhle vor uns allen
einschlug und dort rauchte. Unsere Augen waren darauf gerichtet, während
wir jeden Moment die schreckliche Explosion erwarteten. Ich drückte mein
Kind fester an mein Herz und rückte näher an die Wand. Unser Schicksal
schien fast sicher. Der arme Mann, der im Inneren Zuflucht gesucht hatte,
war am meisten gefährdet. Mit einem plötzlichen Impuls ergriff ich eine
große Doppeldecke, die in der Nähe lag, und gab sie ihm, um ihn vor den
Splittern zu schützen. So blieben wir einen Moment, mit unseren Augen
voller Angst auf das Todesgeschoss gerichtet, als George, der Dienstjunge,
nach vorne stürzte, die Granate ergriff und sie auf die Straße warf und
schnell in die entgegengesetzte Richtung rannte. Glücklicherweise war die
Zündschnur fast erloschen, und die Granate fiel harmlos herunter – blieb in
der Nähe des Höhleneingangs liegen, als Trophäe für die Furchtlosigkeit des
Dieners und unsere bemerkenswerte Flucht. Ich war sehr dankbar für unsere
Rettung, was einen Tag lang das Gesprächsthema unter unseren
Höhlennachbarn war. Auch der Vorfall mit der Decke wurde erzählt, und
alle lachten herzlich über meine kluge Vermutung, dass die Decke
irgendeinen Schutz vor den schweren Granatsplittern bieten könnte.

Doch das war noch nicht alles: Eines Abends hatte ich Gelegenheit, zum
Eingang der Höhle zu gehen, um mit George zu sprechen. Dort, in der Nähe
eines aufgeklärten Publikums aus Dienern der umliegenden Höhlen, führte
George eine ernste Pantomime der ganzen Angelegenheit durch. Es scheint,

als hätte er erwartet, dass der Flüchtling in unserer Notlage die Rolle des Retters spielen und die Muschel hinauswerfen würde. Da er jedoch enttäuscht wurde, stellte er ihn dem Publikum auf die lächerlichste Art und Weise dar, die möglich war.

George drängte sich dicht an das Rad eines in der Nähe stehenden Wagens, riss die Augen auf, streckte die Hand aus, als ob er einen Schild hielt, und wich mit dem Anschein äußerster Angst zurück, was seine Zuschauer ungemein amüsierte: Dann änderte er seine ganze Rolle, setzte den tapfersten Hut auf, den man sich nur vorstellen konnte, schob seinen Hut mit selbstsicherer Miene an die Seite seines Kopfes, und mit einem gleichgültigen Gesichtsausdruck schlenderte er auf ein großes Stück Muschel zu, das bequem in der Nähe lag, packte es mit beiden Händen, schwang und warf es unbekümmert, ganz anders als in Wirklichkeit, drehte sich auf dem Absatz um und ging mit dem eigentümlichen schwingenden Schritt eines stolzen Negers zum Wagen zurück; dann stützte er seinen Arm auf das Rad und musterte sein Publikum unbekümmert mit einem Blick, der deutlich sagte: „Was haltet ihr davon, Nigger?" Die begünstigte Gruppe begann sofort zu lachen und zu applaudieren wie eine gut ausgebildete Schar von *Claqueuren* , in die sich bald auch George selbst einschloss.

Bald darauf erhielt ich eine Nachricht von M., in der er mich anflehte, vorsichtig zu sein und ständig in der Höhle zu bleiben. Ich konnte sehen, dass er wegen der neuen Gefahr vom Schlachtfeld unruhig und beunruhigt war.

Und so vergingen die mühsamen Tage – die langen, mühsamen Tage –, in denen wir nicht wissen konnten, in welcher schrecklichen Gestalt uns der Tod noch vor Sonnenuntergang ereilen könnte. Eine weitere Angst, die M——— plagte, war, dass unsere Vorräte während der Belagerung nicht reichen könnten. Er drängte mich häufig, mit allem, was ich hatte, sparsam umzugehen, denn es standen uns wahrscheinlich schwierige Zeiten bevor; er erzählte mir von den Soldaten in den Schützengräben, die das Brot, das von unseren Mahlzeiten übrig geblieben war, gern gegessen hätten, denn sie litten unter allen Entbehrungen, und dass unsere Diener viel besser lebten als diese Männer, die die Stadt verteidigten. Bald wurde das Erbsenmehl auch für uns zu einem Nahrungsmittel, und es erwies sich als sehr ungenießbar. Um ihm die richtige Konsistenz zu verleihen, mussten wir etwas Maismehl untermischen, das so viel schneller kochte als das Erbsenmehl, dass es anbrannte, bevor das Brot halb fertig war. Der Geschmack war eigenartig und unangenehm.

Doch bald erwies sich dies als ungesund, denn die Soldaten durften sich wieder Rationen des restlichen Maismehls holen, wobei die Erbsen im Korn mit Fleisch gekocht werden mussten. Wir erlebten tatsächlich die Strapazen und Härten einer Belagerung, denn wir aßen jetzt nichts mehr außer Fleisch und Brot.

Dennoch hatten wir im Vergleich zu den Soldaten nichts zu beklagen: Viele von ihnen lagen krank und verwundet in einem Krankenhaus in den ungeschütztesten Teilen der Stadt, während überall um sie herum Granaten einschlugen und explodierten. Eine Granate durchschlug ein Krankenhaus im Stadtzentrum vollständig, ohne zu explodieren oder jemanden zu verletzen, abgesehen von dem schweren Schock für die Invaliden: Ein Splitter durchschlug später die Seite desselben Hauses und brach einem bereits verwundeten Soldaten die Hüfte schwer; ein oder zwei Verwundete wurden im Krankenhaus ebenfalls von Granatsplittern getötet.

KAPITEL XIV.

HUNDE – PFERDE – STADT EINER MUSCHEL DURCH EINE HÖHLE – DIE SCHREIE EINER MUTTER – VERLASSENE HÄUSER – STILLE.

Sogar die Tiere selbst schienen die allgemeine Angst vor einem plötzlichen und schrecklichen Tod zu teilen. Man sah die Hunde inmitten des Lärms die Straße hinaufgaloppieren und dann wieder zurückkehren, als hätte die Angst sie in den Wahnsinn getrieben. Als sie den Einschlag einer Granate hörten, rannten sie zur Seite – und als diese explodierte, setzten sie sich wieder hin und heulten auf die erbärmlichste Art und Weise. Viele liefen auf der Straße herum, anscheinend ohne Zuhause. George führte einen ständigen Kampf mit ihnen, als sie sich dem Feuer näherten, an dem unsere Mahlzeiten gekocht wurden.

Inmitten anderer trauriger Gedanken kam mir eines Tages der Gedanke, dass diese Hunde durch den Hunger ebenso gefürchtet werden könnten wie Wölfe. Diese Angst war unbegründet, denn im Laufe von ein oder zwei Wochen waren sie fast verschwunden.

Die Pferde, die den Offizieren gehörten und an den Bäumen in der Nähe der Zelte festgebunden waren, spannten oft das Halfter auf seine volle Länge und bäumten sich hoch in die Luft auf, wobei sie lautes Schnauben des Schreckens ausstießen, wenn in der Nähe eine Granate explodierte. Ich konnte sie in der Nacht inmitten des Aufruhrs schreien hören, was in einem leisen, klagenden Angstwiehern endete.

Die armen Tiere ernährten sich ausschließlich von Zuckerrohr und Maulbeerblättern. Viele der Maultiere und Pferde wurden auf Befehl von General Pemberton aus dem Gebiet der Linien getrieben, um den Lebensunterhalt zu sichern. Es waren nur noch so viele Maultiere der Konföderation übrig, dass ein Regiment drei volle Gespanne hatte. Privateigentum wurde nicht beeinträchtigt.

Als ich eines Abends in der Höhle saß, hörte ich die herzzerreißendsten Schreie und Stöhnen. Man erzählte mir, dass eine Mutter ein Kind in eine Höhle etwa hundert Meter von uns entfernt gebracht hatte. Nachdem sie es auf sein kleines Bett gelegt hatte, so glaubte die arme Frau, war es in Sicherheit, setzte sie sich in die Nähe des Höhleneingangs. Eine Mörsergranate raste durch die Luft und fiel mit großer Wucht nieder. Sie drang in die Erde über dem schlafenden Kind ein und schnitt bis in die Höhle – oh! ein schrecklicher Anblick für die Mutter –, zerquetschte den oberen Teil des kleinen schlafenden Kopfes und nahm dem jungen, unschuldigen Leben ein Leben ohne einen Blick oder ein Wort flüchtiger Liebe, das im Herzen der Mutter bewahrt werden könnte.

Ich saß still und traurig neben dem Mondlicht und hörte das Schluchzen und Weinen – hörte das Stöhnen einer Mutter um ihr totes Kind – das Kind, das vor wenigen Augenblicken noch lebte, um es zu streicheln und zu lieben – und sprach die zärtlichen Worte, die die Verbindung zwischen Mutter und Kind so festigen. Oh, das kleine einsame Grab! So weit weg und doch so allgegenwärtig bei mir; das sonnige, rotbraune Haupt, das ich dort sechs Monate nach Beginn dieses schrecklichen Krieges niederlegte!

Ich konnte dieses Schluchzen und Weinen nicht hören, ohne an die Nacht zu denken – die letzte Nacht –, als ich meine Liebste an mein Herz drückte und glaubte, dass sie, obwohl sie so plötzlich erschüttert und verängstigt war, noch leben würde, um mir das Leben zu bereichern. Und das schreckliche Erwachen! – als ich feststellte, dass sie, wie ich glaubte, in meinen Armen lag und schnell dahinschwand – in die ferne, unbekannte Ewigkeit! Als sie aus meiner Umarmung glitt, wurde das kostbare Leben von jemandem gerufen, der so mächtig – so allmächtig – und doch so barmherzig war, dass ich schweigend den Kopf senkte.

Noch immer drang das Stöhnen der trauernden Mutter durch die angenehme Luft und schwebte durch die silbrig mondbeschienene Szenerie – es machte Herzen traurig, die nie Kummer gekannt hatten, und weckte Saiten der Sympathie in Herzen, die zuvor erbebt und gelitten hatten. Doch „es ist besser, geliebt und verloren zu haben, als nie geliebt zu haben." Ja, besser ist die zarte Erinnerung an ein verborgenes Leben, das für immer in unseren Herzen glüht; besser werden alle sagen, die das Licht und den Trost von oben kennen, wenn wir uns in äußerster Erbärmlichkeit vor seinen Thron werfen und stark aufstehen – stark in der Stärke, die niemals versagt – der Stärke des Herrn. Die Wüste, die die Oasen des Lebens nicht kennt, kann, obwohl sie vom brennenden Scirocco, der vorüberzieht, verdorrt und verdorrt ist, die erfrischenden und sanften Tropfen nicht kennen, die erneuertes und zarteres Grün bringen.

Wie traurig ist dieses Leben in Vicksburg! Wie wenig Sicherheit können wir empfinden, wenn so viele um uns herum das Morgenlicht sehen, das nie mehr die Nacht erleben wird! Ich konnte nicht ruhig sitzen, während ich so viel Kummer hörte; ich verließ meinen Platz und ging vor dem niedrigen Eingang meines Hauses auf und ab. Die Gerichtsglocke schlug zwölf; und obwohl die Granaten noch immer langsam um die Stelle fielen, wo das junge Leben erloschen war, gingen doch Freunde dorthin und wieder hinaus.

Wie verheerend lag die Hand des Krieges auf der Stadt! Sogar im mildernden Licht des Mondes – die geschlossenen und verlassenen Häuser – die Gärten mit halb geöffneten Toren und das Vieh, das zwischen den schönsten

Blumen und Grünpflanzen stand! Diese Nachlässigkeit im Auftreten und die offensichtliche Eile beim Aufbruch waren überall sichtbar – die Einwohner empfanden in dieser gefährlichen Zeit nur Angst um ihre persönliche Sicherheit und die Stärke ihrer Höhlenhäuser.

Die Schmerzensschreie kamen langsam und undeutlicher, bis alles still war; und die trauernde Mutter schlief, hoffe ich – schlief, um beim Aufwachen einen dumpfen Schmerz in ihrem Herzen zu spüren, und beim ersten Mal, wenn sie wieder zu Bewusstsein kommt, wird sie sich fragen, was das ist. Dann wird ihre Sorge um das Kind zurückkehren, und der neue Kummer wird sie wieder überkommen – weg, für immer weg!

Es wird Tage dauern, bis sie es ganz begreift, und dann wird sie kämpfen und stark werden. Gott in seiner Barmherzigkeit hilft den armen menschlichen Herzen, die in diesen traurigen Kriegsjahren leiden, kämpfen und stark werden! Niemand kam jetzt – kein Wort, das darauf hindeutet, dass das Leben in der stillen Stadt noch pulsierte.

Die frische Luft kündete vom kommenden Morgen: Die Kanonen waren still. Für kurze Zeit herrschte Frieden in der unruhigen Stadt, und in der vollkommenen Stille, die herrschte, wurden meine Augen schwer, und ich suchte noch einmal mein Bett auf – dieses Mal, um friedlich zu ruhen, bis das freundliche Morgenlicht über uns hereinbrach.

Fünfzehntes Kapitel.

EINE AUFREGUNG – DER UNTERGANG DER CINCINNATI – SKY PARLOR HILL – BEWEGENDE AUSSICHTEN.

Mit der Morgendämmerung kamen die alte Unruhe und das alte Misstrauen, denn die Granaten fielen wieder in großer Zahl um uns herum, und ich verbrachte ein oder zwei Stunden in ständigem Zittern und Ausrufen. Schließlich zogen unsere Peiniger weiter, und ich fühlte mich wieder von meiner Angst befreit.

Um zehn oder zwölf Uhr sahen wir, trotz des anhaltenden Granateneinschlags, Herren, die zum Fluss eilten. Bald hörten wir das laute Dröhnen der Flussbatterien der Konföderierten, und dann war alles still. Was konnte das bedeuten? Ich wagte nicht, nach draußen zu schauen, und so saß ich da und wartete darauf, dass jemand zu mir kam. Endlich erschien ein Freund, der uns auf triumphierendste Weise erzählte, dass die Konföderierten die Flotte der Union in die Flucht geschlagen hatten. Die Kanonenboote hatten sich in Schlachtordnung aufgestellt und segelten majestätisch hinunter, wobei die Cincinnati – eines der besten Boote der Flussflotte – den Angriff anführte.

Sie kam schnell um die Spitze der Halbinsel herum – die Signalkanonen schwiegen –, als die Batterie mit dem Brooks-Geschütz das Feuer auf sie eröffnete, als sie in Reichweite kam. Der erste Schuss zerschnitt die Flagge, der zweite traf ihre Seite und der dritte, die Brooks-Kugel mit dem Stahlkeil, schnitt in die Eisenplatten in der Nähe des Wasserrands. Sie drehte sofort um und fuhr sinkend den Fluss hinauf. Auch die übrigen Boote änderten ihren Kurs und zogen sich zurück. Die Cincinnati hatte die Spitze kaum umrundet, als sie in Ufernähe sank.

„Ach ja!", sagte der Major, „wäre die Cincinnati nicht zum Glück gesunken, hätten Sie einen furchtbaren Krieg in der Stadt mitbekommen. Wären die Boote in die entgegengesetzte Richtung gefahren und hätten unsere Batterien angegriffen, wäre das Feuer furchtbar gewesen."

Der Major erzählte uns auch, dass viele Damen so großes Interesse an der erwarteten Verlobung gezeigt hätten, dass sie auf den Sky Parlor Hill gestiegen seien, um eine bessere Aussicht zu haben.

Es wird gesagt, dass die Kanonen der Unionsflotte nie hoch genug angebracht waren, um Granaten und Schüsse so hoch wie auf den Sky Parlor Hill abzufeuern. Dennoch möchte ich nicht aus bloßer Neugier mein Leben riskieren, wenn ich damit keinen Nutzen bringen könnte.

Der Sky Parlor Hill ist nach seiner extremen Höhe benannt. Er ist ein Teil der Klippe, die dort stand, wo heute die Hauptgeschäftsstraße verläuft, da durch die Nivellierung der Stadt der größte Teil der Höhe abgetragen wurde. Der Hügel nimmt jetzt etwa ein Quadrat ein – die Entfernung von zwei Quadraten vom Fluss – und ist von allen Teilen der Stadt aus ein markantes Merkmal. Auf der einen Seite windet sich eine holprige Auffahrt den steilen Anstieg hinauf, und auf der gegenüberliegenden Seite führt eine lange und schwindelerregende Holztreppe von der Straße hinauf.

Darüber thront ein kleines Haus, das man sich in der berühmten Geschichte von „Jack" auf der „Bohnenranke" vorstellen könnte: malerisch und alt, aber die früheren Bewohner hätten es als „schönes Haus" bezeichnet.

Die Aussicht – und das ist der Grund, warum man diesen Ort besucht – ist gut, sowohl auf die Stadt als auch auf den Fluss, der sich einige Meilen weiter oben erstreckt. Massen von Menschen versammeln sich hier, wenn jemand in Richtung Fluss unterwegs ist.

Nach dem Untergang der Cincinnati wurde eine große Truhe geborgen, die einem Chirurgen an Bord gehörte. Sie enthielt wertvolle chirurgische Instrumente, die in der Konföderation nicht erhältlich waren; außerdem einen Brief, der vor der Abfahrt der Flotte von oben an die Frau des Herrn geschrieben worden war und in dem ihr mitgeteilt wurde, dass der Brief in Vicksburg aufgegeben würde, da es keinerlei Zweifel daran gab, dass der Ort bei einem Angriff vom Fluss aus eingenommen werden würde.

Es wurde auch gesagt, dass Commodore Porter an Bord der Cincinnati war. Wie dies festgestellt wurde, konnte niemand sagen.

Kurz nach dem Untergang der Cincinnati erhielt ich eine Nachricht von M——, in der er mir mitteilte, dass er sich große Sorgen um unsere Sicherheit in der Stadt mache – er fürchte, dass irgendwann eine Mörsergranate auf unsere Höhle fallen könnte oder dass die ständige Erschütterung der Erde durch die nahe Explosion sie zerschmettern und auf uns fallen lassen könnte. Deshalb hatte er beschlossen, in der Nähe des Schlachtfelds, wo er stationiert war, ein Heim für mich zu errichten – eines, das völlig außerhalb der Reichweite der Mörsergranaten lag. Ich war geradezu schockiert über die Idee – auf das Schlachtfeld zu gehen! Wo Kugeln und Granaten ohne Unterlass einschlugen. Meinte M—— das ernst? Ich konnte es kaum glauben.

Kurz darauf kam ein Freund und erzählte mir, dass ich mein Zuhause auf dem Schlachtfeld weitaus angenehmer und sicherer finden würde als das in der Stadt. Nur in unserer Höhle seien wir vor den Splittern geschützt. Auf dem Schlachtfeld hätten die Geschosse weit weniger Gewicht und seien beim Einschlag weit weniger gefährlich.

Wir sollten noch die letzte und nächste Explosion der unvergessenen Mörsergranaten erleben, bevor wir abreisten. M—— hatte mir geschrieben, ich solle in der nächsten Nacht bereit sein. Da der Mond nicht schien, würde das Feuer der Bundesbatterien bei Einbruch der Dunkelheit eingestellt werden, und danach konnten wir ohne Unterbrechung losfahren. Ich freute mich über die Aussicht auf eine Veränderung in unserem modrigen Leben und freute mich mit größtem Vergnügen auf unseren Ausritt – auch wenn es schon dunkel war.

KAPITEL XVI.

EINE MUSCHELFALLEN IN DER ECKE MEINER HÖHLE – MUSIK – OPFER DES TAGES.

Ich saß gegen fünf Uhr in der Nähe des Eingangs und dachte an die angenehme Abwechslung – oh, du meine Güte! –, die der nächste Tag bringen würde, als der Beschuss heftiger als sonst begann. Die Granaten fielen dicht um uns herum und ließen riesige Erdsäulen aufsteigen, die mit Rauch vermischt waren. Wie üblich war ich mir nicht sicher, ob ich drinnen bleiben oder hinauslaufen sollte. Da das Beben und Zittern der Erde sehr deutlich zu spüren war und die Explosionen erschreckend nahe waren, stand ich im Eingang der Höhle und war bereit zu fliehen, falls eine davon zufällig über unserem Domizil einstürzen sollte. In meiner Angst erschrak ich durch die Schreie der Diener und ein fürchterliches Schütteln und Wackeln der Erde, gefolgt von einer ohrenbetäubenden Explosion, wie ich sie noch nie zuvor gehört hatte. Die Höhle füllte sich augenblicklich mit Pulverrauch und Staub. Ich stand mit einem Kribbeln und Prickeln in Kopf, Händen und Füßen da und war verwirrt. Noch am Leben! – war der erste frohe Gedanke, der mir kam; – Kind, Dienerschaft, alle hier und gerettet! – aus großer Gefahr, fühlte ich. Ich trat hinaus und fand eine Gruppe von Menschen vor meiner Höhle, die besorgt nach mir Ausschau hielten; und überall lagen frisch abgerissene Rosenbüsche, Lebensbäume, große Erdklumpen, Splitter, Bretter, Holzstücke usw. Eine Mörsergranate hatte die Ecke der Höhle getroffen, glücklicherweise so nahe an der Hügelkuppe, dass sie schräg in die Erde eingedrungen war, explodierte dabei und brach große Massen von der Seite des Hügels ab – riss den Zaun, das Gebüsch und die Blumen weg – und riss alles wie eine Lawine in die Nähe des Eingangs meiner guten Zuflucht.

Ich stand bestürzt da und betrachtete die Verwüstung, die um mich herum angerichtet worden war, während unsere kleine Familie glücklicherweise verschont geblieben war. Obwohl viele der benachbarten Bediensteten zu der Zeit in der Nähe gestanden hatten, war keiner auch nur im Geringsten verletzt worden; doch waren Bretterstücke, Erdsplitter und Splitter in alle Richtungen herabgestürzt. Ein Teil der Erde war von der Decke meiner Höhle abgefallen und herabgestürzt. Abgesehen davon blieb sie unversehrt.

An diesem Abend saßen ein paar Freunde bei mir: einer nahm meine Gitarre und spielte ein paar hübsche kleine Melodien für uns; doch der Lärm der Granaten brachte einen Dissonanzton in die Harmonien. Für mich schien es, als ob der erdrückende und bittere Geist des Hasses neben dem Licht und der Gnade des Glücks stünde. Wie könnten wir inmitten unserer leidenden Mitmenschen singen und lachen – inmitten des Schreis des Todes selbst?

Dies unterbricht die Monotonie unseres Alltagslebens! – diese aufregende Nachricht von einem plötzlichen und schrecklichen Tod in unserer Nähe, der uns heute Abend erzählt und morgen wieder vergessen wird! – diese traurige Nachricht eines Vicksburg-Tages! Ein kleines Negerkind hatte beim Spielen im Hof eine Granate gefunden; als es sie wälzte und drehte, hatte es unschuldig auf die Zündschnur geschlagen; dann folgte die schreckliche Explosion, und als die weiße Rauchwolke davonschwebte, waren die verstümmelten Überreste eines Lebens zu sehen, das für das Herz der Mutter nur Schönheit und Freude besessen hatte.

Ein junges Mädchen, das in der Enge der Höhle müde wurde, rannte in der Zeit zwischen den langsam fallenden Granaten hastig zum Haus. Als sie zurückkam, ertönte in ihrer Nähe eine Explosion – ein wilder Schrei, und sie rannte in die Gegenwart ihrer Mutter und sank wie eine verwundete Taube. Das Lebensblut floss in purpurnen Wellen über das leichte Sommerkleid aus einer tödlichen Wunde in ihrer Seite, die durch das Granatsplitter verursacht wurde.

Ein Splitter hatte auch den Arm eines kleinen Jungen getroffen und gebrochen, der am Eingang der Höhle seiner Mutter spielte. So lautete der Bericht eines Tages.

Ich erzählte von der großen Verzweiflung meiner kleinen Tochter, als die Granaten dicht neben uns einschlugen. Sie lief atemlos auf mich zu und verbarg wortlos ihren Kopf in meinem Kleid. Dann schaute sie vorsichtig hinaus und ihr Gesicht war fragend und besorgt. Sie sagte: „Oh, Mama, war das ein Granateneinschlag?“ Die armen Kinder, deren kleine Herzen inmitten dieser täglichen Schrecken des Krieges leiden und verzagen müssen!

Am nächsten Abend, gegen vier Uhr, erschien M—s liebes Gesicht. Er erzählte uns, dass er von all den Gefahren gehört hatte, die wir durchgemacht hatten, und dass es ihm sehr wichtig war, uns außer Reichweite der Mörsergranaten und in seiner Nähe zu haben; er dachte auch, dass wir unser neues Zuhause auf dem Schlachtfeld weitaus besser finden würden als dieses; er wollte, dass wir so bald wie möglich aufbrachen. Da zu dieser Stunde am Abend die Geschütze der Union in der letzten Woche bis fast zum Sonnenuntergang ruhig gewesen waren, drängte er mich, so schnell wie möglich bereit zu sein; also beschleunigte ich unsere Vorbereitungen, und bald saßen wir im Krankenwagen und fuhren mit großer Geschwindigkeit auf die Schützengräben zu.

O, das schöne Sonnenlicht und die frische Abendluft! Wie strahlend und herrlich erschien mir das alles nach meiner Gefangenschaft unter der Erde!

Immer wieder drehte ich mich um und blickte auf die untergehende Sonne und das leuchtende purpurrote Glühen, das die Atmosphäre erfüllte. Alles schien fröhlich und strahlend: der Himmel – die Blumen und Bäume entlang unserer Auffahrt – die kühle und duftende Brise – alles, bis auf das ab und zu dumpfe Dröhnen des Mörsers, der langsam seine todbringende Granate über das Leben warf, das wir hinter uns ließen.

Wären da nicht die armen Seelen gewesen, die immer noch drinnen waren, hätte ich in freudigem, trotzigem Jubel in die Hände klatschen können, als ich die Berichte hörte, denn ich dachte, ich würde meine größte Angst vor unserem alten Feind in der trostlosen Höhle zurücklassen, auf die ich meinen letzten verächtlichen Blick geworfen hatte; doch später überkam mich die Angst mit aller Gewalt.

KAPITEL XVII.

FAHRT ZU DEN BEFESTIGUNGSBAUTEN – ANZAHL DER HÖHLEN ENTLANG DER STRASSE – AUSSEHEN DES NEUEN ZUHAUSES – WECHSEL DER RAKETEN.

Die Straße, auf der wir fuhren, führte durch die Berge. Auf allen Seiten bot sich uns ein unverkennbarer Anblick von Höhlen, dicht verstreut zwischen den erdigen Klippen. Große und kleine Höhlen. Einige waren solide, geräumig und bequem und überall mit Streben und Stützen versehen. Viele waren nur groß genug, dass eine Person stehend darin Schutz suchen konnte. An einer tiefer gelegenen Stelle in der Erde befand sich ein Sitz für Vorbeigehende im Falle einer Gefahr.

Wir fuhren schnell weiter und erreichten die Vororte der Stadt, wo die Straße schattig und angenehm wurde – immer noch mit Höhlen an jeder großen Straßenaushöhlung, die sehr an die zahllosen Löcher erinnerten, die Schwalben im Sommer graben; denn sowohl die Mörsergranaten als auch die Parrottgranaten bekämpften dieses Gebiet; und eine Höhle, egal in welche Richtung sie auch ging, war nicht sicher vor Splittern. M—— trieb den Fahrer ungeduldig an, da er befürchtete, dass wir noch auf der Straße sein würden, wenn das Feuer wieder losging. Plötzlich brachte eine Kurve der Auffahrt zwei große Festungen auf den Hügeln über uns in Sicht; und als wir eine Schlucht in der Nähe einer dieser Festungen hinunterfuhren, hielt der Krankenwagen an. Hier sahen wir zwei oder drei der kleinen, granaten- und bombensicheren Häuser in der Erde, die mit Baumstämmen und Torf bedeckt waren. Wir wurden hastig herausgeholt und machten uns auf den Weg nach Hause, als ich über meinem Kopf ein Schneiden der Luft hörte – der ausdrucksstärkste Begriff, den ich für dieses eigenartige Geräusch verwenden kann; und die Kugeln fielen dicht um mich herum und brachten Blätter und kleine Zweige von den Bäumen mit sich.

Ich spürte, wie mir das Herz plötzlich in die Hose rutschte; aber die Soldaten hatten in der Nähe ihr Lager aufgeschlagen, und viele standen vorsichtig da und beobachteten die Wirkung des plötzlichen Metalleinschlags um mich herum. Ich hätte um nichts in der Welt Angst gezeigt; also ging ich, von meinem Stolz gestützt, mit festem und stetigem Schritt, trotz der heimtückischen Eingebungen meines Herzens, das laut „Lauf, lauf“ schlug. M——, der jeden Moment fürchtete, ich könnte neben ihm fallen, trieb mich ängstlich weiter. In kurzer Entfernung befand sich das Büro des Adjutanten, wo wir Zuflucht suchten, bis das Feuer nachließ. Hier trafen wir Freunde und saßen eine Zeit lang plaudernd da.

Das „Büro" war eine quadratische Vertiefung in der Seite des Hügels, die mit Baumstämmen und Erde bedeckt und recht kühl und komfortabel erschien. Ich war so lange in einem engen Erdreich eingesperrt gewesen, dass Tageslicht, grüne Bäume und viel Platz mir zu einem neuen Vergnügen wurden. Bei Sonnenuntergang hörte das schnelle Fallen der Kugeln und Granaten auf, und wir machten uns wieder auf den Weg nach Hause. Ich wurde einen kleinen Fußweg hinaufgeführt, der von der Schlucht unter einem lässigen, anmutigen Bogen aus wilden Weinreben hindurchführte, deren schwingende Zweige zur Seite gezogen waren, und ein niedriger, langer Raum, in den Hügelhang gehauen und von den Bäumen des umgebenden Waldes beschattet, bot sich mir als unser zukünftiges Zuhause dar. Was für ein angenehmer Ort, nach der engen kleinen Höhle in der Stadt! – groß genug für zwei Räume – die Rück- und Seitenwände aus Erde, die Neigung des Hügels lässt die Wand am Eingang auf etwa vier Fuß herunterfallen, und die Zwischenräume darüber, zwischen Wand und Dach, dienen als Lichteinfall; Die Seite mit Blick auf die Straße durch die Schlucht war völlig offen, jedoch durch die Weinreben über dem Weg beschattet.

Ich nahm es entzückt in Besitz. Eine Decke, die quer über die Mitte gehängt war, schuf zwei große Räume: das vordere Zimmer, mit einem Stück Teppich, der uns vor der Feuchtigkeit des Bodens schützte, und zwei oder drei Stühlen, bildeten unser kleines Wohnzimmer; und das hintere Zimmer, ruhig und abgeschieden, war das Schlafzimmer. Über der Erde oder unserem Haus, das von riesigen, gegabelten Stützen gestützt wurde, lagen die Stämme kleiner Bäume dicht an dicht; darüber Gestrüpp, Äste und Blätter, und all das bedeckte eine zwei oder drei Fuß dicke, festgestampfte Erde, die als vollkommen sicher vor Minié-Kugeln und Parrott- oder Schrapnellgranaten galt.

Wir hatten unser Zeltdach vorn aufgezogen, so dass eine sehr angenehme Veranda entstand; denn entlang des Eingangs war eine schmale Terrasse angelegt worden, von der aus der Hügel steil zur Straße in der Schlucht gegenüber dem Haus abfiel; hinten erhob sich der Hügel steil über uns. Heute Abend war alles ruhig, wie es normalerweise ist, wie man mir sagte, wenn der Mond nicht hell scheint.

Die Befehlshaber der Union befürchten, dass die Konföderierten versuchen werden, ihre Verteidigung im Mondschein zu verstärken. Dies wird sicherlich auch getan, ob geschossen wird oder nicht. Denn die Befestigungen müssen ständig verstärkt werden, da sie häufig durch die Parrott-Granaten schwer beschädigt werden.

Am nächsten Morgen um vier Uhr wurde ich von einem regelrechten Tumult in der Luft geweckt: Die Explosion von Granatsplittern und das Rasseln der Schrapnellkugeln um uns herum erinnerten mich daran, dass meine Gefahren und Sorgen noch nicht vorüber waren. Wie schnell und dicht fielen die Granaten und Minié-Kugeln – Parrott in verschiedenen Größen –, Kartätschen und Vollgeschosse, bis ich von dem Lärm und den Explosionen fast taub war! Ich lag da und dachte an die armen Soldaten unten in der Schlucht, die nur ihre Zelte über ihren Köpfen hatten; und es schien, als müssten in diesem Geschosshagel alle getötet werden. Wie seltsam, dass es bei diesen Geschossstürmen so wenige Opfer gibt!

Unser kleines Heim hat die Prüfung mit Bravour bestanden. Wir befanden uns in der ersten Hügelkette hinter den befestigten Höhen und spürten natürlich die volle Wucht des sehr energischen Feuers, das ständig aufrechterhalten wurde. Und da wir so nah dran waren, fielen viele, die über die erste Hügelkette flogen, direkt um uns herum.

KAPITEL XVIII.

MORGEN – ANGRIFF VON GENERAL BURBRIDGE – SCHRECKEN DES KRIEGES – EINE WICHTIGE ENTDECKUNG.

Wie taufrisch und angenehm der Morgen war! Ich stand da und schaute von der kleinen Terrasse hinaus, atmete die frische Luft und lernte die neue Umgebung kennen, soweit mein Blick reichte, denn es war nicht sicher, sich aus der Höhle herauszuwagen – die Schlucht vor mir, schattig, dunkel und kühl – die Sonne ging gerade über der Hügelkuppe auf und beleuchtete die oberen Äste der großen Bäume. Oben in der Schlucht, beim Hauptquartier, waren Pferde angebunden, die träge aufstanden und ihr Fell nach der Nachtruhe auf dem Boden schüttelten – ihre Schläfrigkeit abschüttelten, um das Frühstück aus Maulbeerblättern zu beginnen. Inmitten des ständigen Einschlags der Gewehrkugeln sangen die Vögel so süß und flogen so fröhlich von Baum zu Baum, als ob es Frieden und Überfluss im Land gäbe. Überfluss gab es in Vicksburg sicherlich nicht, wie jeder gesagt hätte, der an diesem Morgen zu unserem kleinen Frühstück eingeladen worden war: Speckbeilage und Brot waren alles; und ich hatte mich so daran gewöhnt, dass ich den Rufen zum Frühstück nur widerwillig folgte; Essen, im Grunde genommen, um am Leben zu bleiben, ohne den geringsten Genuss an der Nahrung, die ich kauen und schlucken musste.

Dennoch nahmen alle ihre Prüfungen mit Freude hin. Die Herren, die an diesem Morgen mit uns frühstückten, lachten und freuten sich über die Rationen und erzählten mir von dem Maultierfleisch, das uns bald serviert werden sollte.

Sie sprachen von einem Angriff, den General Burbridge und die Bundestruppen unter seinem Kommando äußerst tapfer auf die konföderierten Schützengräben geführt hatten: Sie waren über die Brustwehren und in die Schützengräben gestürmt und hatten die Südstaatensoldaten vertrieben. Das gesamte konföderierte Lager in der Nähe des Ortes erhob sich in wütender Aufregung, Offiziere und Soldaten warfen gleichermaßen Handgranaten auf die Eindringlinge, bis sie gezwungen waren, sich zurückzuziehen, nachdem sie den Ort eine Zeit lang gehalten hatten. Mir wurde erzählt, dass General Burbridge während des Waffenstillstands lachend gegenüber einem konföderierten Offizier bemerkt hatte, dass es das heißeste Unterfangen sei, das er an einem Tag bewältigen könne, wenn er in der heißen Sonne in den Schützengräben bliebe und massenhaft mit Handgranaten beworfen würde.

Nachdem die Bundestruppen die Schützengräben verlassen hatten, wurde in der lockeren Erde der Brustwehren ein Loch entdeckt, das bei den Soldaten der Konföderation für viel Belustigung sorgte – ein großes Loch, wo sich einer der Bundessoldaten buchstäblich aus den Gruben gegraben hatte. „Ich schätze, er ist so etwas wie ein Maulwurf", kommentierte einer der Soldaten weise.

Der Befehlshaber der Union hatte eine weiße Flagge gesandt und um Erlaubnis gebeten, die Toten zu begraben und die Verwundeten zu bergen, die bei einem der Angriffe auf die Linien der Konföderierten auf dem Schlachtfeld zurückgelassen worden waren.

General Pemberton hatte die Bitte abgelehnt. Später wurden die Ausdünstungen der Leichen so unerträglich, dass er seinerseits um einen Waffenstillstand bitten und die Bundesoffiziere bitten musste, ihre Toten zu begraben. Ich war bestürzt, als ich von einem jungen Bundesleutnant hörte, der schwer verwundet und von seinen Kameraden auf dem Schlachtfeld zurückgelassen worden war. In diesem Zustand hatte er von Samstag bis Montag gelebt, in der sengenden Sonne ohne Wasser oder Nahrung, und die Männer auf beiden Seiten konnten die Qualen eines so verlängerten Lebens miterleben, ohne die Macht, ihm in irgendeiner Weise zu helfen. Ich war wirklich froh, als ich hörte, dass der arme Mann am Montagmorgen gestorben war. Ein anderer auf dem Schlachtfeld zurückgebliebener Soldat, schwer am Bein verwundet, hatte inständig um Wasser gebettelt, und da er in der Nähe der konföderierten Schützengräben lag, richteten sich seine Schreie alle an die konföderierten Soldaten. Dort, wo er lag, war das Feuer am heftigsten, und wer zu ihm gegangen wäre, hätte sein Leben riskiert. Dennoch bat ein Soldat der Konföderierten um die Erlaubnis, ihm Wasser zu bringen, und erhielt diese auch. Er stand mitten im Feuergefecht da und fächelte ihm Luft zu, während er gierig aus der Feldflasche des heldenhaften Soldaten trank.

Der Offizier, der diesen kleinen Vorfall erzählte, hatte den Namen des edlen Mannes noch nicht in Erfahrung gebracht. Wahrlich, „die Tapfersten sind die Zärtlichsten; die Liebenden sind die Wagemutigen." Wie großzügig – wie wahrhaft tapfer der Mann, der so dem Tod trotzt! Der unter Einsatz seines Lebens eine wahrhaft christliche Tat vollbringt! Oh! Wären alle Menschen nicht wahre Anhänger des Friedensfürsten, wie kurz wäre dieser Krieg! Wenn nur einzelne Christen in jeder Hinsicht danach strebten, ihre Pflicht zu tun, müssten wir dieses große Leid nicht ertragen. Es gibt genug auf der Welt, die Ihn anbeten, der gestorben ist, damit alle glücklich sein können – genug, um vor den Häuptern der christlichen Nation zu stehen und in Seinem Namen um Gnade für diese sterbenden und blutenden Tausenden zu bitten – damit diese Brüder, Söhne und Ehemänner nicht zerrissen, geschwollen und sich windend in der heißen Sonne liegen, mit brennenden Augen und ausgetrockneten Zungen, weit, weit weg von denen, die machtlos sind, ihnen in dieser furchtbaren Zeit beizustehen; und mit diesen Bitten würden Gebete zu Ihm aufsteigen, der die Friedensstifter als Kinder Gottes belohnt – Gebete aus vielen schmerzenden, tränenüberströmten Herzen; und die wilde Bitterkeit, der Streit und der Hass, die die Menschen so bewegen, würden vor diesem Segen verblassen. Sollten sie versagen und das Unrecht weitergehen, dann haben sie ihre Pflicht getan; und sie werden Gnade finden, nicht dort, wo der Irrtum des menschlichen Urteils sie ihnen vorenthält, sondern bei Ihm, für den die Geringsten von unschätzbarem Wert sind.

Eines Morgens machte George eine wichtige Entdeckung: Ganz in der Nähe der Höhle wuchs ein frischer Sassafras-Baumstumpf mit großen, in alle Richtungen reichenden Wurzeln, der uns eine unerschöpfliche Teequelle für die Zukunft lieferte. Vor dieser Entdeckung hatten wir zu unseren Mahlzeiten Wasser getrunken; Kaffee und Tee gehörten schon lange zu den Dingen, die in der Armee üblich waren. Wir hatten jedoch mehr Glück als viele der Offiziere, da wir in unserer Nähe Zugang zu einer ausgezeichneten Zisterne hatten; viele unserer Freunde hingegen verwendeten schlammiges Wasser oder Flusswasser, das über eine so große Entfernung transportiert wurde und daher extrem warm und unangenehm wurde.

Neunzehntes Kapitel.

EIN AKZEPTABLES GESCHENK – HUNGER – HALBE RATIONEN – IN DEN SCHÜTZENGRÜNDEN.

Eine Dienerin brachte mir eines Tages ein Geschenk von einem Offizier, das durchaus akzeptabel war: zwei große, gelbe, reife Juniäpfel, versiegelt in einem großen Umschlag. Sie waren für mich eine ebenso große Abwechslung wie Ananas.

Bei einer anderen Gelegenheit schickte mir ein Herr vier große Scheiben Schinken, nachdem er das Glück gehabt hatte, selbst ein kleines Stück zu ergattern. Ab und zu brachten mir und meiner kleinen Tochter Herren, die zu Besuch kamen, kleine Dinge, die wir nicht besorgen konnten, und nur diejenigen, die solche Entbehrungen durchgemacht haben, können verstehen, wie dankbar wir für diese kleinen Freundlichkeiten waren. Eines Tages brachte uns ein Freund etwas Obst, das man ihm geschenkt hatte. Während wir uns unterhielten, nahm meine kleine, vom Hunger geplagte zweijährige Tochter es sich ruhig und aß es, auf dem Boden sitzend, mit Gier. Als sie fast alles aufgegessen hatte, drehte sie sich mit strahlendem und zufriedenem Gesicht zu mir um und sagte: „Mama, es ist so süß!" – das war das erste Anzeichen, das ich bekam, dass meine Portion verschwunden war. Liebes Kind, ich zitterte um sie in den größeren Prüfungen, die, wie ich glaubte, auf uns warteten. Obst und Gemüse waren um keinen Preis zu bekommen. Jeder hatte die Vorahnung einer ernsteren Lage, die große Angst vor dem Verhungern, die allen ins Gesicht starrte, veranlasste diejenigen, die irgendwelche essbaren Dinge besaßen, diese für die Zeit aufzubewahren, der alle mit Sorge entgegensahen – wenn wir in echte Not geraten würden.

Die Männer in den Schützengräben bekamen bereits nur die halbe Ration – genug Mehl oder Schrot, um in zwei Tagen Brot in der Menge von zwei Keksen zu produzieren. Viele von ihnen aßen alles auf einmal und fasteten am nächsten Tag, weil sie, wie sie sagten, lieber eine richtige Mahlzeit zu sich nahmen.

So saßen sie den ganzen Tag zusammengekauert in den Schützengräben – ihre Rationen wurden im Tal gekocht und ihnen gebracht – und wagten kaum, ihre Position zu ändern und aufrecht zu stehen, denn die Scharfschützen der Union lauerten auf die Köpfe; und sich über die Brustwehren zu erheben, bedeutete fast den sicheren Tod. Häufig durchschlug eine Parrott-Granate die Schützengräben und verursachte bei einer Explosion schreckliche Wunden und am häufigsten den Tod. „Ah!", sagte M—— eines Tages, „den edlen Männern in den Schützengräben verdankt Vicksburg alles an Ehre, was es bei dieser Belagerung gewinnen kann. Ich verehre sie, da ich sehe, wie sie jede Entbehrung mit Mut und Geduld ertragen und nur um den guten Ruf der Stadt besorgt sind."

Sie vergnügten sich, während sie in den Gruben lagen, indem sie aus dem Holz der Brüstung und den um sie herum herabgefallenen Minié-Kugeln kleine Schmuckstücke schnitten. Major Fry aus Texas war meiner Meinung nach ein Meister seiner Geschicklichkeit und Erfindungsgabe: Eines Tages schickte er mir einen Sessel, den er aus einer Minié-Kugel geschnitten hatte – das winzigste Ding dieser Art, das ich je gesehen hatte, und doch vollkommen symmetrisch. Ein anderes Mal schickte er mir einen winzigen Pflug aus dem Holz der Brüstung, mit Spuren von Blei und einer Bleispitze aus einer Minié-Kugel.

Mir war schon oft aufgefallen, wie freudig die Soldaten die Strapazen der Belagerung ertrugen. Ich sah sie oft mit ihren kleinen Säcken, die spärliche Rationen enthielten, vorbeigehen, pfeifend und fröhlich plaudernd, während um sie herum die Kugeln und Granaten dicht umherflogen.

Die armen Menschen werden so schlecht behandelt und müssen so viele Entbehrungen ertragen!

KAPITEL XX.

EIN REGNERISCHER MORGEN – EINE WASSERHOSE – EINE
TRÜBSCHE ERFAHRUNG – BESSERE AUSSICHTEN – EIN
UNGLÜCKLICHER SCHLÄFER.

Die Wolken hatten sich den ganzen Tag um uns herum verdunkelt, und für die Nacht war ein Sturm zu erwarten. M—— schickte George mit einem Spaten hinaus, um die Erde um das Dach unseres Hauses aufzuschütten und den Wassergraben darum herum zu verbreitern; doch erst am nächsten Morgen begann es zu regnen. Bei Tagesanbruch hörte ich, wie M—— rasch Befehle gab, die Erde fest zu rammen, den Graben zu vertiefen und den hinteren Teil der Höhle zu beobachten.

Ich öffnete die Augen, um die Dunkelheit und Düsternis eines regnerischen Tages zu verlassen – um die Feuchtigkeit des Nebels auf meinem Gesicht zu spüren und M—— am Eingang stehen zu sehen, die beweglichen Gegenstände neben ihm außerhalb der Reichweite des peitschenden Regens aufgestapelt, während er George Anweisungen bezüglich unserer doppelt belagerten Festung gab. Ich lag da und lauschte dem Tropfen und Plätschern zunächst mit verträumtem Vergnügen; aber als ich hörte, wie M—— losging, um nachzusehen, ob alles in Ordnung war, sprang ich auf, weil ich dachte, ich könnte helfen, das Wasser abzuhalten. Es war ein sehr glücklicher Schachzug; denn ich hatte kaum begonnen, mich anzuziehen, als die Erde am Kopfende meines Bettes nachgab und ein richtiger Schwall schlammigen Wassers durch die Böschung brach und in die Mitte des Ruheplatzes fiel, den ich soeben verlassen hatte. M—— zu rufen, damit er das Wasser im hinteren Teil der Höhle stoppe, und Cinth in größter Eile zu helfen, jeden auch nur halbwegs trockenen Gegenstand herauszuholen und das Wasser ungehindert durchfließen zu lassen, war die Arbeit eines Augenblicks; doch in der kurzen Zeit, in der das Wasser durch die Höhle geflossen war, boten wir einen jämmerlich überschwemmten Anblick: Koffer waren auf Koffer gestapelt – Leinen hingen von Baumstamm zu Baumstamm an der Decke, gefüllt mit triefendem Teppich, Decken, Laken und diversen Gegenständen, von denen es mit einem trostlosen Prasseln auf den Boden tropfte – Stühle standen dicht beieinander und waren aus dem Weg geräumt – unsere heimelige Einrichtung war völlig in Unordnung. Und jetzt, da das Wasser, das durch die Höhle floss, abgestellt worden war, saßen der Diener und ich trostlos da, mit umgeschlagenen Röcken und den Füßen auf kleinen Holzklötzen, um sie aus dem Schlamm zu halten, und mit reumütigen Gesichtern, während wir dem Herumschwirren des Wassers und dem Plätschern des Regens draußen zusahen.

Das Wasser war über die Seiten des Grabens gelaufen, hatte einen neuen Kanal gebildet und strömte am Eingang hinunter. Es hatte unsere kleine Terrasse vollständig weggespült und hinterließ einen riesigen, gähnenden Abgrund direkt vor uns. Ich betrachtete so traurig die Ruinen unseres kleinen Heims, als M. herunterkam und uns mit seinem hellen, starken und ruhigen Gesichtsausdruck wieder Freude brachte. Das Wasser floss in kleinen Strömen von seinem Hut bis zu seinem Mantel, floss über seinen Mantel und bildete kleine Pfützen auf dem Boden, während er stand. Er erklärte, der Sturm sei fast vorüber und wir würden trotzdem frühstücken. Er nahm seinen Hut vom Kopf, schüttelte das Wasser aus ihm und aus seinem Haar und bat George, mit seiner Schaufel eine Feuerstelle in der Nähe des Eingangs zu graben, seine mit Wasser gefüllten Feldkessel heraufzubringen, ein großes Feuer anzuzünden und das Frühstück zuzubereiten. Er gratulierte mir zur vollkommenen Sicherheit unseres Heims, dazu, dass das Wasser in typisch venezianischer Art darum herumfloss und dass wir im Moment vollkommen wasserdicht seien.

Tatsächlich befand sich unser Haus an einem regnerischen Tag in einer prekären Lage, denn wir waren im Bett des Wasserstroms untergebracht, der vom Hügel darüber herabfloss; doch M—— versicherte mir, dass wir jetzt nichts zu befürchten hätten, denn mit George hatte er den Boden vollkommen fest und sicher gepackt. Er lachte herzlich über mein knappes Entkommen; denn ich erklärte, dass ich nie wieder gute Laune gehabt hätte, wenn dieser Schwall schlammigen Wassers auf mich gefallen wäre.

Bald loderte das Feuer munter auf, und George begann mit der Zubereitung unseres einfachen Frühstücks – M – ging hinaus, um sich einige Berichte anzuhören. Ich hatte mich immer mit Freude auf die Aussicht auf Regen gefreut, da er uns etwas Ruhe vor dem unaufhörlichen Lärm der Explosionen und dem Pfeifen und Fallen der Kugeln verschaffte. Die Wut des Sturms hatte kaum nachgelassen, als der Tumult und Lärm der Batterien und Musketen der Union wieder begann; und weit davon entfernt, dass der Regen die Zündschnur der Granaten löschte, schienen an diesem Morgen ungewöhnlich viele Granaten zu fallen. Ich begann mich gründlich aufgetaut und erholt zu fühlen, als George das Frühstück auf den Tisch stellte und M – hereinkam; und so setzten wir uns trotz des anhaltenden Regens ganz fröhlich hin.

Das angenehme Feuer tat seine Arbeit und die Erde um uns herum härtete schnell aus.

M—— erzählte mir von einem Oberst eines der Regimenter, die am Fuße eines der befestigten Hügel stationiert waren. Dieser schlief leider zu lange, und der stürmische Wasserschwall, der den Hügel hinunterstürzte, durchbrach alle Barrieren und hüllte ihn vollständig in Schlamm, Wasser,

Sand und Sediment ein. Er sprang in rasender Wut vom Boden auf und konnte sich kaum davon überzeugen lassen, dass er nicht das Opfer eines Streiches war. Er hatte so fest geschlafen, dass er den Sturm überhaupt nicht bemerkte und kaum glauben konnte, dass sein unsanftes Erwachen das Werk der Elemente war. M—— erzählte mir auch mit ernster Miene von den armen Soldaten, die er an jenem Morgen in den Schützengräben im Wasser stehen gesehen hatte – einige mit kleinen Teppichstücken um sich gezogen, andere mit nichts als ihren dünnen, durchnässten Kleidern; und dort lagen sie den ganzen Tag, nur mit der Mahlzeit von gestern als Nahrung.

KAPITEL XXI.

MÜDE – DIE KURIER AUS GENERAL JOHNSTON –
GEFÄHRLICHE WEIDE – MAULFLEISCH – LOKALE LIEDER –
VON EINER MINIÉ-KUGEL VERFEHLT.

Meine Freunde, die mich besuchen, sagen mir, dass ich erschöpft und blass aussehe, und fragen mich oft, ob ich dieses Höhlenleben nicht leid sei. Ich weiche dieser Frage so gut wie möglich aus, denn ich gebe es M... zuliebe nicht gern zu; und doch *bin ich* müde und erschöpft – ach! so erschöpft! Ich war nie dazu geschaffen, unter der Erde zu leben; und wenn ich es doch muss, ist es kein Wunder, dass ich wie andere unglückliche Pflanzen dahinvegetiere – blass, dünn und weiß werde! Und doch muss ich mir selbst klarmachen: Ich habe dieses Leben voller Leiden mit einer Person gewählt, die ich liebe; und was für Leiden habe ich schließlich erfahren? Entbehrungen in Bezug auf gutes und gesundes Essen, nicht einmal halb so viel wie die armen Menschen um uns herum.

Eine Furcht vor denen, die den Körper töten können und danach nichts mehr tun können! Ich werde mich nicht entmutigen lassen – ich habe kein Recht, mich zu beschweren. Wo immer Er mich hingestellt hat, werde ich in Seiner Stärke gefunden werden; und von da an werde ich tapfer und standhaft sein.

In dieser Zeit der Gefahr mit mir selbst zu reden, war eine der Hauptbeschäftigungen meines Höhlenlebens. Die Zeit vergeht und alle sagen, die Belagerung könne nicht mehr lange dauern; und noch immer sind wir hier – und noch immer ist der ohrenbetäubende Lärm der Granaten zu hören – und die verschiedenen Geschosse, die abgefeuert werden, fallen nieder und verstreuen den Tod in alle Richtungen.

Etwa zu dieser Zeit wurde die Stadt durch die Ankunft eines Kuriers von General Johnston aufgeschreckt, der General Pemberton private Depeschen überbrachte, deren Inhalt nicht bekannt wurde. Doch allein General Pembertons Schweigen ließ die Offiziere das Schlimmste ahnen.

Der Kurier brachte den Einwohnern viele Briefe von Freunden von außerhalb. Seine Art, in die Stadt zu kommen, war eigenartig: Er nahm ein Boot auf dem Yazoo und fuhr bis zu dessen Mündung in den Mississippi, wo er das kleine Boot festmachte, in den Wald ging und die Nacht abwartete. Bei Einbruch der Dunkelheit zog er seine Kleidung aus, verstaute seine Depeschen darin, band das Paket fest an ein Brett, und als er in den Fluss ging, hielt er seinen Kopf über Wasser, indem er sich an dem Brett festhielt. Auf diese Weise trieb er in der Dunkelheit durch die Flotte und zwei Meilen flussabwärts nach Vicksburg, wo seine Ankunft als ein Ereignis von großer Bedeutung im Stillleben der Stadt gefeiert wurde.

Der Hügel gegenüber unserer Höhle könnte man aufgrund der Anzahl der Tiere, die beim Fressen des Grases an den Seiten und auf dem Gipfel umgekommen sind, als „Todespunkt" bezeichnen. In alle Richtungen kann ich den Rasen sehen, der von den Granaten stammt, die in die Erde gepflügt wurden. Pferde oder Maultiere, die durch das Versprechen des üppig wachsenden Grases dazu verleitet werden, den Hügel zu erklimmen, kommen unweigerlich verwundet herunter, um am Fuß zu sterben oder tot vom Gipfel heruntergebracht zu werden.

Jeden Tag wird eine bestimmte Anzahl Maultiere von den Verpflegungskräften geschlachtet und an die Männer ausgegeben, die alle das frische Fleisch, auch wenn es vom Maultier ist, den Speck- und Salzrationen vorziehen, die sie so lange unverändert gegessen haben. Es gab bereits einige Fälle von Skorbut: Die Soldaten haben eine Abscheu vor der Krankheit; daher, nehme ich an, ist das Maultierfleisch umso willkommener. Tatsächlich bat ich M..., uns etwas davon auf den Tisch zu bringen. Er sagte: „Nein, warten Sie noch ein wenig." Er sah mich nicht gern Maultier essen, bis ich dazu gezwungen war; er vertraute darauf, dass die Vorsehung uns bald etwas Kleingeld schicken würde.

Am selben Nachmittag blickte ich auf den gegenüberliegenden Hügel, wo häufig Granaten fielen. Mir fiel eine sehr große, schöne Kuh auf, die langsam am Hang graste und dabei immer höher kletterte.

Ich wunderte mich, woher sie kam, denn Rinder aller Art waren aus Vicksburg verschwunden. Die Kuh war in bester Verfassung und ich dachte: Armes Geschöpf, du bist nicht klug, wenn du so gefährliches Gras isst. Kurz vor dem Tee kam M— lachend auf mich zu und sagte: „Die Vorsehung hat dir tatsächlich frisches Fleisch geschickt, sodass du nicht auf Maultiere angewiesen bist. Auf dem gegenüberliegenden Hügel ist eine schöne Kuh von einer Granate getötet worden. Der General hat das Fleisch genommen und dir einen großen Teil geschickt."

Ich bedauerte das Schicksal des Tieres, das ich vor kurzem noch voller Lebenskraft gesehen hatte. Doch jetzt, „da das Schicksal so unfreundlich war", nahm ich meinen Anteil gern an und dachte an das alte Sprichwort: „Es ist ein böser Wind" usw. George und einige der Jungen im Lager schnitten das Fleisch in Streifen. Und ich konnte dem Kurier, der ständig zwischen den Kugeln ritt, und einem armen buckligen Soldaten, dessen Kräfte aufgrund der Entbehrungen, die er erlitten hatte, nachließen, etwas Suppenfleisch schicken. Der Rest wurde mit Salpeter eingerieben und auf über Gestelle gelegte Stöcke aufgefädelt. Darunter brannte ein langsames

Feuer. Die Hitze der Sonne und des Feuers machte es für die spätere Verwendung wieder frisch.

Ein oder zwei Tage nach diesem Vorgang musste ich herzlich lachen, als ich die Höhle sah. An den Balken der Decke hingen Girlanden aus getrocknetem Fleisch, die anmutig und beständig über uns schwangen. Und als ich darunter herumging, hatte ich das Gefühl, ganz wie ein Indianer nach einer erfolgreichen Jagd, dass der Hunger für eine Weile weit im Hintergrund war.

Es war erstaunlich, wie die jungen Offiziere ihre Stimmung beibehielten und häufig Quartette und Lieder sangen, während die Minié-Bälle prasselten. Und oft hörte ich fröhliches Gelächter aus dem Hauptquartier, wenn die Offiziere, die den Tag und vielleicht auch die Nacht zuvor in den Schützengräben verbracht hatten, zusammenkamen, um Berichte abzugeben. An diesem Abend besuchte uns ein Herr und sang neben anderen Liedern auch einen Text zur Melodie von „Der Spottdrossel“, den ich hier aufschreiben werde:

„Es war bei der Belagerung von Vicksburg,
von Vicksburg, von Vicksburg – Es war bei der Belagerung von Vicksburg,
als die Parrott-Granaten durch die Luft pfiffen. Hören Sie den Parrott-Granaten zu – Hören Sie den Parrott-Granaten zu: Die Parrott-Granaten pfeifen durch die Luft.

„Oh! Wir werden uns gut erinnern – erinnern – erinnern. Zähes Maultierfleisch, Juni *ohne* November,
und die Minié-Kugeln, die durch die Luft pfiffen. Hören Sie den Minié-Kugeln zu – Hören Sie den Minié-Kugeln zu: Die Minié-Kugeln singen in der Luft.“

Lieder aller Art werden zu Ehren knapper Rettungen, unglücklicher Ereignisse, mutiger Taten usw. komponiert; Lieder – humorvoll, ergreifend und tragisch – werden mit jeder Art von Stimme gesungen. Manchmal heiser, mit überraschender Lautstärke und Tiefe; dann wieder mit reich modulierten Tönen und viel sanfter Lautstärke und Melodie – alle singen nach unterschiedlichem Geschmack.

Eines Nachts hörte ich einen Soldaten unten in der Schlucht einen der seltsamen, melodischen Hymnen singen, die die Neger oft singen. Und inmitten des Abfeuerns und Krachens der Geschosse drang es in sanften, musikalischen Untertönen zu mir herauf, die äußerst faszinierend waren: das Wehklagen der irdischen Unruhe – die Sehnsucht nach der herrlichen Heimat, die die warmen Bilder in herrlichem goldenen Licht und silbrigem Glanz darstellen – voller Gesang und strahlendem Glück! Die Stimme war voll und triumphierend. Dann der rasche Wechsel in tiefer und trauriger Kadenz zur Erde, zum Lehm, zum Schlamm – zu Mangel, Leiden, Sünde!

„Ich frage mich, Herr, werde ich jemals in den Himmel kommen – in das neue Jerusalem?", kam am Ende jeder Strophe. Ich vergrub mein Gesicht in meinen Händen. Ja! Der Himmel war so weit weg! Und doch – „wer zu mir kommt, den werde ich keineswegs hinausstoßen" – unser Griff ist fest, aber unsere Augen sind blind. Eines Tages, wenn unsere irdischen Sehnsüchte gestillt sind, werden wir die außerordentliche Herrlichkeit erfahren.

Obwohl wir Lieder aller Art singen, wird uns doch oft das Gefühl vermittelt, dass die Aufforderung jeden Moment kommen könnte!

Eines Tages nähte ich an einer Seite der Höhle, wo das Ufer abfällt und den Raum wie ein Fenster erhellt. Ich saß in der Nähe dieser Öffnung, als mir plötzlich ein kleiner Gegenstand einfiel, den ich in einem anderen Teil des Raumes haben wollte. Ich ging hinüber, um ihn zu holen, und war auf dem Rückweg, als eine Minié-Kugel durch die Öffnung sauste, an meinem Stuhl vorbei und hinter ihm fiel. Hätte ich noch gesessen, hätte ich sie aufgehalten. Stellen Sie sich vor, wie schnell ich den Stuhl in einen anderen Teil des Raumes brachte und mich dort hinsetzte!

KAPITEL XXII.

EIN VERWUNDETES PFERD – SPLITTERGRANATE – ANGRIFF AUF DIE SCHIENEN – FURCHTBARES SCHIESSEN.

Eines Abends bemerkte ich eines der Pferde, das in der Schlucht angebunden war und sich sehr seltsam verhielt – es wand sich und zappelte, als hätte es Schmerzen. Einer der Soldaten ging zu ihm und stellte fest, dass es von einer Minié-Kugel sehr schwer in der Flanke verwundet worden war. Das arme Geschöpf litt furchtbar: Es streckte seinen Kopf so weit wie möglich in den Baum, an den es angebunden war, und klammerte sich mit dem Maul daran fest, während sein Hals und sein Körper vor Schmerzen zitterten. Jede Bewegung war nicht heftig, wie es die meisten Pferde bei einer Verletzung getan hätten, sondern hatte die würdevolle Anmut eines beredten Leidens, das unbeschreiblich ist. Wie sehr wollte ich zu ihm gehen und ihn streicheln und beruhigen! Das Halfter wurde abgenommen und er wurde freigelassen. Er ging zu einem Baum, lehnte sich dagegen und stöhnte mit halb geschlossenen Augen, wobei er häufig am ganzen Körper zitterte, als wäre der Schmerz zu groß, um ihn zu ertragen.

Dann drehte er seinen Kopf ganz herum und blickte auf die Gruppe von Soldaten, die mitleidig in der Nähe standen, als suchte er nach menschlichem Mitgefühl. Der Meister weigerte sich, ihn erschießen zu lassen, in der Hoffnung, dass er sich erholen würde; aber es musste offensichtlich gewesen sein, dass dieser Tag der letzte seines starken, stolzen Lebens war: Der edle Schwarze war dem Untergang geweiht. Nach der sanften Treue seines Dienstes war es grausam, sein Leiden zu verlängern: Warum sollte man nach den einfachen Mahlzeiten aus Maulbeerblättern, die kaum genug Nahrung zum Überleben boten, zulassen, dass dieser Schmerz und diese Qual seinen bereits geschwächten Körper quälten? Diese Wahrheiten wurden beiseite gelegt, und der Meister schaute mitleidig hin; doch es schien ein selbstsüchtiges Mitleid.

Der arme Kerl wurde vor Schmerzen unruhig und taumelte blindlings weiter. Und jetzt füllen sich meine Augen mit Tränen; denn er ist mit einem müden Stöhnen zwischen die Ufer des kleinen Baches in der Schlucht gefallen, sein Kopf ist auf den Rasen gefallen und sein heller, kluger Blick ist noch immer auf die Männer gerichtet, die in vielen Schlachten seine Kameraden gewesen sind und immer noch neben ihm stehen.

Armer Kerl! – dieses leise und häufige Stöhnen und die zitternden Glieder sagen ihnen, dass der Tod dich bereits ereilt hat – dass du weit jenseits menschlichen Mitgefühls bist. Kann ihn inmitten all der fallenden Granaten niemand erreichen und ihm Frieden und Tod geben? Ich sehe, wie einem der Umstehenden eine Axt gereicht wird, und wende mich plötzlich von der Szene ab. Der schnelle, sanfte Hieb! Ich weiß, es muss vorbei sein. Wieder schaue ich hin, und der glänzende, schwarze Körper verschwindet aus unserem Blickfeld, um durch neues Leiden ersetzt und in neuen Ereignissen vergessen zu werden.

Es gibt ein Geschoss, das mich, wäre ich Soldat, völlig in die Flucht schlagen würde – und das ist eine Schrapnellgranate. Nur wer schon einmal mehrere auf einmal kommen und in der Nähe explodieren und Hunderte kleiner Kugeln um sich herum verteilen gehört hat, kann sich vorstellen, wie furchtbar der Lärm ist, den sie machen – ein wildes Geschrei – ein klapperndes und schwirrendes Geräusch, das mir immer wieder Angst einjagt! Manchmal kam es mir so vor, als ob bis zu fünfzig Kugeln direkt vor unserer Tür einschlugen. Ich hätte jederzeit in der Nähe des Eingangs unserer Höhle losschicken können und in kürzester Zeit einen Eimer voll Kugeln aus Schrapnellgranaten und dem Minié-Gewehr aufsammeln können.

Ein alter, grauhaariger, gut gelaunter Soldat, mit dem ich oft gesprochen hatte, ging auf der Suche nach Wasser durch die Schlucht, die unserer Höhle direkt gegenüber lag. Eine Minié-Kugel traf ihn am Unterschenkel; er bückte sich kühl, band sein Taschentuch darum und ging weiter. Geschosse aller Art fielen so ständig, dass sie mir fast gleichgültig wurden. Nur der scheußliche Lärm zahlreicher Schrapnells konnte mich jetzt noch erschrecken. Normalerweise wurden die Schrapnells um vier Uhr morgens heftiger geworfen als zu jeder anderen Tageszeit. Gegen sieben begannen die Minié-Kugeln zu fallen, begleitet von Parrott-, Kartätschen-, Vollkugel- und Schrapnellgranaten; und jede Minute des Tages wurde dieses ständige Artillerie- und Musketenfeuer von den Unionslinien aus aufrechterhalten. General Pemberton hatte den Batterien der Konföderierten befohlen, still zu bleiben, es sei denn, es würden besondere Feuerbefehle erteilt oder die Stellungen angegriffen.

Ich kann mich noch genau an einen Nachmittag erinnern. Einer der Chirurgen unterhielt sich gerade mit M., als ich ein rauschendes, eigenartiges Geräusch hörte, als ob jemand in meiner Nähe und um mich herum schnell mit einem Schwert durch die Luft schnitt.

Sowohl der Doktor als auch M. sprangen auf, als das Geräusch immer verwirrender wurde, als ob plötzlich eine große Wassermasse den Hügel hinabstürzte. Ich sah, wie M. sich zum Doktor umdrehte und sagte: „Sie kommen!" Ich wagte nicht, Fragen zu stellen, doch dachte ich zunächst, die Schützengräben seien eingenommen. M. zog wortlos einen anderen Mantel an und warf mir lachend den Leinenmantel zu, den er getragen hatte. Ich muss wohl ziemlich bestürzt ausgesehen haben, denn ich konnte mir die

Bedeutung des verwirrenden und eigenartigen Lärms um uns herum nicht vorstellen. M. nahm sein Schwert und sprang sofort auf. Ich fürchtete jeden Moment, dass er fallen würde, denn die Kugeln fielen wie Hagel. Ich wandte mich zum Doktor und fragte: „Kommen sie über den Hügel?" Er lachte und sagte:

„Oh nein, sie greifen nur die Schützengräben an, und das Rauschen in der Luft, das Sie hören, sind die zahlreichen kleinen Kugeln, die über uns hinwegfliegen."

Das seltsame, verwirrende Geräusch hielt eine Weile an. Der Arzt verabschiedete sich bald und sagte, dass die Verwundeten hereingebracht würden, damit er sich um sie kümmern könne. Ich saß eine halbe Stunde da und hörte das ständige Rauschen und Dröhnen um mich herum und das schnelle Fallen von Kugeln; der Boden bebte von den häufigen Abschüssen der Kanonen der Konföderierten. Was wahrscheinlich die Folge sein würde, konnte ich nicht sagen; denn die Schlucht unten, die vor kurzem noch so voller Leben gewesen war, schien völlig verlassen zu sein, abgesehen vom gelegentlichen schnellen Galopp eines Kuriers durch den Kugelhagel entlang der Straße. Bald kam ein allmähliches Aufhören, wurde immer ruhiger, bis auf das alte Intervall von einer Minute zwischen den Schüssen; bald kam M——— nach Hause und meldete ein oder zwei Verwundete und einen Toten. Es erscheint mir ein Wunder, dass inmitten eines solchen Kugelhagels so wenige Personen verletzt wurden.

KAPITEL XXIII.

EIN UNGLÜCKLICHER UNFALL – DIE UNGLÜCKLICHEN DAMEN VON VICKSBURG – MÖRSERGRANAT ANKOMMT IN DER NÄHE DER SCHLACHTEN.

Ein paar Tage nach dem Angriff auf die Befestigungen der Konföderierten warf ein trauriger Vorfall einen düsteren Schatten auf die kleine Gemeinschaft, die in der Schlucht lagerte – Offiziere, Soldaten und Bedienstete: Ein Soldat namens Henry hatte mein kleines Mädchen oft bemerkt, ihr einmal Blumen, einmal einen Apfel und dann wieder einen jungen Spottdrossel gebracht und sie durch diese kleinen Freundlichkeiten sehr an ihn gebunden. Häufig rief sie, wenn sie ihn vorbeigehen sah, seinen Namen und klatschte fröhlich in die Hände, wenn er auf dem schönen Pferd des Generals ritt, um Wasser zu holen, und ihn dazu veranlasste, zu ihrer Belustigung an der Höhle vorbeizutänzeln. Eines Morgens lenkte sie meine Aufmerksamkeit auf ihn und sagte: „Oh Mama, sieh dir Hennys Pferd an, wie er spielt!" Er ritt auf einem kleinen schwarzen Pferd, das äußerst wild war, und versuchte, es an die schnellen Bewegungen der texanischen Truppen zu gewöhnen, indem er sich im Sattel umdrehte, um etwas vom Boden zu greifen, während er schnell weiterzog. Bald darauf ritt er auf dem Pferd, um Wasser zu holen; und ich sah, wie er zurückkam und es an einem Baum festband.

Danach sah ich ihn den gegenüberliegenden Hügel herunterkommen, mit einer nicht explodierten Granate in der Hand. Nach wenigen Augenblicken hörte ich eine schnelle Explosion in der Schlucht, gefolgt von einem Schrei – einem plötzlichen, qualvollen Schrei. Ich rannte zum Eingang und sah einen Kurier, den ich oft vorbeikommen sah, langsam in das Rinnsal der Schlucht rollen und in einiger Entfernung bewegungslos liegen bleiben: Henry – oh, armer Henry! – streckte seine verstümmelten Arme aus – die Hände waren zerrissen und hingen an den blutenden, grausigen Handgelenken – eine furchtbare Wunde in seinem Kopf – das Blut strömte aus seinen Wunden. Angeschossen, keuchend, wild taumelte er herum und schrie kläglich: „Wo seid ihr, Jungs? Oh Jungs, wo seid ihr? Oh, ich bin verletzt! Ich bin verletzt! Jungs, kommt zu mir! – kommt zu mir! Gott sei mir gnädig! Allmächtiger Gott, sei mir gnädig!"

Meine kleine Tochter klammerte sich an mein Kleid und sagte: „Oh Mama, der arme Henny ist tot! Jetzt wird er sterben, Mama. Oh, der arme Henny!" Ich trug sie von dem schmerzlichen Anblick weg.

Mein erster Impuls war, mit den wenigen Mitteln, die ich besaß, zu ihnen hinunterzulaufen. Dann dachte ich an die Menge der Soldaten, die die

Männer umringten; und wenn M. – die einzige Dame – mich dort besuchen käme, könnte er denken, ich hätte Unrecht getan. Also schickte ich meinen Diener mit Kampfer und anderen leichten Mitteln, die ich besaß, und zog mich mit krankem Herzen in meine Höhle zurück.

Nach wenigen Augenblicken ziehen die Tragen in Richtung Krankenhaus vorbei. Aus Henrys Arm strömt das Blut, er stöhnt und schimpft noch immer, „dass die Jungen zu ihm kommen" und „Gott Mitleid mit ihm hat".

Auf dem anderen lag der reglose, bewegungslose Körper des jungen Kuriers, der in der Kraft seines Lebens so plötzlich getroffen worden war. Offenbar hatten die beiden Männer versucht, die Schraube aus einer nicht explodierten Granate zu entfernen, um das Pulver zu sichern. Beim Drehen entzündete sich die Zündschnur, wodurch das Feuer auf das Pulver überging und es zur tödlichen Explosion kam.

Henry war von einem Splitter am Kopf getroffen worden – seine Hände waren ihm von den Armen gerissen worden; ein oder zwei Splitter hatten sich auch in seinem Körper festgesetzt. Der Kurier war an zwei Stellen am Kopf getroffen worden, und mehrere Kugeln waren in seinen Körper eingedrungen. Armer Soldat! Seine Mutter lebte in Yazoo City; und er war ihr einziger Sohn. Sie war ihm so nah, und doch konnte sie seinen Kopf nicht halten und ihm ihre Liebe auf die Lippen drücken, bevor ihnen der Atem für immer entwich! Er lebte, bis die Sonne unterging, sprach kein Wort – stöhnte nicht; nur der schnelle Atem verriet, dass in dem verstümmelten Körper noch Leben flackerte. Henry starb ebenfalls in dieser Nacht, noch immer ohne Bewusstsein der trauernden Kameraden um sein Bett – noch immer flehte er Gott an, ihm zu gnädig zu sein.

Nachdem die Leichen der verwundeten Männer weggetragen worden waren, hörten wir aus Richtung der Stadt lautes Wehklagen und Schreien. Man erzählte mir, eine Negerin sei beim Durchqueren des Hofes von einem Granatsplitter getroffen und auf der Stelle tot gewesen. Die Schreie der Frauen von Vicksburg waren die traurigsten, die ich je gehört habe. Das Wehklagen um die Toten schien voll herzzerreißender Qual. Ich kann nicht versuchen, das mit Angst vermischte Mitleid zu beschreiben, das meine Seele durchbohrte, wenn plötzlich diese kläglichen Schreie – dieses mitleiderregende Stöhnen – durch die Luft ertönten, manchmal fast gleichzeitig mit der Explosion einer Granate. Diese Qual um die Toten und Verwundeten war besonders tief und traurig, vielleicht aufgrund der Depression. Viele Frauen waren vor lauter Angst und Sorge zu Tode krank. Es ist merkwürdig, dass die Damen fast die ganze Zeit in Höhlen waren, und doch war eine, die für kurze Zeit hinausging, fast sicher, verwundet zu sein; Während die Offiziere und Soldaten umherritten und -gingen, kam es kaum zu Zerstörungen an Menschenleben.

Ein Offizier erzählte mir von zwei Soldaten in der Nähe seines Lagers, die durch Minié-Kugeln schwer verwundet worden waren – einer hatte Hand und Lunge durchbohrt, der andere die Seite.

Zu dieser Zeit bekam ich einen neuen Grund zur Besorgnis: Die Mörserboote versuchten, ihre Bomben bis zu den Schützengräben zu werfen, und es wäre ihnen beinahe gelungen. Ich konnte sie nachts in der Nähe des gegenüberliegenden Hügels einschlagen sehen und war in ständiger Angst, sie könnten noch näher an uns herangeworfen werden. Nachdem ich eines Nachts Zeuge der hellen Lichtstrahlen geworden war, die sie am Himmel erzeugten, und immer wieder dankbar war, dass sie immer vor dem Hügel einschlugen, auf dem wir wohnten, wurde ich in völliger Einsamkeit allmählich schläfrig, denn M—— erhielt selten vor elf Uhr Berichte. Müde drehte ich mich zu der kleinen Matratze auf dem Boden um, sprach meine Gebete und zog mich zurück. Ich hatte schon eine Weile geschlafen, denn der Mond schien hell, als ich durch lautes Geschrei und Gebrüll geweckt wurde: „Wohin sollen wir gehen? Oh! Wohin sollen wir gehen?" Meine unmittelbare Schlussfolgerung war, dass eine Frau getötet oder verwundet worden war, denn ab und zu konnte ich die Mörsergranaten auf den gegenüberliegenden Hügel einschlagen sehen. Ich dachte daher, dass ich in Vicksburg, soweit ich vernünftigerweise hoffen konnte, von den vielen Veränderungen verschont geblieben war, die ich durchlebt hatte; und sofort überkam mich eine schwere Panik. Wenn nicht auch vom Schlachtfeld Granaten gefallen wären, wäre ich, fürchte ich, in diese Richtung gegangen – so groß war meine Angst vor den Mörsern! – und wäre, egal wohin, aus ihrer Reichweite gerannt.

Aber die Angst vor den Parrott-Granaten hielt mich dort, wo ich war. Ich saß in ängstlicher Erregung im Bett, rief immer wieder M——, ohne die geringste Reaktion zu erhalten. Schließlich gab mir ein schläfrig geäußertes „Was ist los?" Gelegenheit, ihm mitzuteilen, dass wir alle getötet werden würden, und ihm, während mir die kalte Feuchtigkeit der Angst über die Stirn stieg, zu sagen, dass die Mörsergranaten näher denn je seien und die nächste wahrscheinlich unsere Höhle treffen würde. Als er schließlich meinen beunruhigten Geisteszustand erkannte und mich sagen hörte, ich wüsste, dass eine Frau getötet worden war, stand er auf, zog sich an, nahm seine Mütze und ging hinaus, um zu sehen, was geschehen war. Er sagte mir, er würde bald zurückkommen – er blickte sich zurück, lachte dabei und sagte mir, ich sei für einen so guten Soldaten furchtbar demoralisiert. Bald kam er zurück und erzählte mir, dass ein Neger am Eingang einer Höhle etwas hinter uns in Richtung Stadt getötet worden war; dass seine Geliebte, seine Frau und die jungen Damen der Familie große Angst gehabt und im Büro des Adjutanten Zuflucht gesucht hätten.

KAPITEL XXIV.

TOD EINES TREUENEN DIENERS – SPRENGUNG EINER FESTUNG – VERLUST PROMINENTER OFFIZIERE – KAPITULATION VON VICKSBURG.

Am nächsten Tag wurde die Familie in unsere Höhle eingeladen, und die Dame erzählte mir unter Tränen vom Tod des treuen alten Mannes, der vor ihr ihrer Mutter gedient hatte. Am Morgen seines Todes rief er sie zu sich und sagte: „Herrin, ich habe das Gefühl, dass ich nicht mehr lange leben werde. Sagen Sie dem jungen Herrn, wenn Sie ihn sehen, dass ich heute für ihn gebetet habe; sagen Sie ihm, dass es mir furchtbar ins Herz sticht, wenn ich daran denke, dass ich sein junges Gesicht heute nicht mit den Kindern sehen werde. Bitte sagen Sie den jungen Leuten, Herrin, sie sollen kommen, und lassen Sie mich mit ihnen beten." „Oh! Onkel!", antwortete die Herrin, „reden Sie nicht so; Sie werden hoffentlich noch viele Jahre leben." Die jungen Damen wurden gerufen und knieten nieder, während er für sie und alle, die er liebte, betete, ihnen die Hand schüttelte und beim Gehen mit jeder einzelnen sprach. Seine Höhle war neben der seiner Herrin. In dieser Nacht saß er in der Nähe des Eingangs und rauchte seine Pfeife, als eine Mörsergranate in der Nähe explodierte und ein Splitter in die Seite des alten Mannes schleuderte, sie aufriss und ihm die Hüfte abriss. Er lebte noch einige Augenblicke und wurde in die Höhle getragen. Er wandte sich seiner Herrin zu, schüttelte den Kopf und sagte: „Bleiben Sie nicht hier, Herrin. Ich sagte, der Herr wolle mich." Und so starb der gute alte Christ. Als er seinen letzten Atemzug getan hatte, ergriff sie plötzlich eine Panik, denn eine Granate nach der anderen fiel in ihrer Nähe ein; und sie rannten alle los. Einige der Herren hörten sie schreien und brachten sie zum Hauptquartier.

Am nächsten Tag kam die Nachricht, dass eines der Forts links von uns untergraben und in die Luft gesprengt worden war, wobei sechzig Mann ums Leben gekommen waren. Dann kam die Nachricht vom Tod des tapferen Colonel Irwin aus Missouri und am nächsten Tag erneut vom Tod des tapferen alten General Green aus Missouri.

Wir näherten uns nun rasch dem Ende unseres Belagerungslebens: Die Rationen waren fast alle ausgegeben. In den letzten Tagen war ich krank gewesen; dennoch versuchte ich, das träge Gefühl völliger Erschöpfung zu überwinden. Meine Kleine schaukelte in ihrer Hängematte, kraftlos, mit leichtem Fieber im Gesicht. M—— war ganz besorgt, das konnte ich deutlich sehen. Ein Soldat brachte eines Morgens einen kleinen Eichelhäher als Spielzeug für das Kind herbei. Nachdem sie eine kurze Zeit damit gespielt hatte, wandte sie sich müde ab. „Miss Mary", sagte der Diener, „sie hat

Hunger; lassen Sie mich ihr eine Suppe aus dem Vogel machen." Zuerst weigerte ich mich: das arme kleine Spielzeug sollte nicht sterben; dann, als ich an das Kind dachte, willigte ich halb ein. In aller Eile verschwand Cinth; und als sie das nächste Mal erschien, hatte sie eine Tasse Suppe und einen kleinen Teller dabei, auf dem das weiße Fleisch des armen kleinen Vogels lag.

Am Samstag herrschte eine peinliche Ruhe: Es war ein Waffenstillstand ausgerufen worden, und das Feuer wurde schon so lange fortgesetzt, dass die Stille nun geradezu bedrückend war.

Um zehn Uhr kam General Bowen in voller Uniform vorbei, begleitet von Colonel Montgomery und einem Kurier mit einer weißen Fahne voran. M——— kam vorbei und fragte mich, ob ich hinausgehen wolle; also setzte ich meine Mütze auf und verließ die Terrasse zum ersten Mal, seit ich sie betreten hatte. Auf dem Hügel über uns war die Erde buchstäblich mit Granatsplittern bedeckt – Parrott-, Schrapnell- und Kartuschengranaten; außerdem Blei in allen Formen und Ausführungen und eine Art langes Vollgeschoss, geformt wie eine kleine Parrott-Granate. Überall lagen Minié-Kugeln, abgeflacht, verbeult und verbogen durch den Kontakt mit Bäumen und Holzstücken während ihres Fluges. Das Gras schien abgestorben – der Boden war an vielen Stellen in Furchen gepflügt; und überall waren, wie der Pfeffer der Riesen, in zahllosen Mengen die Schrapnellkugeln verstreut.

Jetzt konnte ich sehen, wie nahe meine Höhle an den Schützengräben lag: nur eine kleine Schlucht zwischen den beiden Hügeln trennte uns. Nach etwa zwei Stunden kehrte General Bowen zurück. Niemand wusste oder schien zu wissen, warum ein Waffenstillstand geschlossen worden war; aber alle glaubten, dass ein Kapitulationsvertrag bevorstand. Unter den Offizieren wurde nur über das alles beherrschende Thema gesprochen. Viele wollten sich ihren Weg freikämpfen und das Risiko auf sich nehmen; aber insgeheim hoffte ich, dass niemand solch ein blutiges Wagnis eingehen würde.

Am nächsten Morgen kam M. mit blassem Gesicht und sagte: „Es ist alles vorbei! Die weiße Flagge weht auf unseren Forts! Vicksburg hat kapituliert!"

Er zog seinen Uniformmantel an, schnallte sich schweigend sein Schwert um und bereitete sich darauf vor, die Männer hinauszuführen und ihnen vor der Festung die Waffen abzugeben.

Ich fühlte eine seltsame Unruhe, die Stille des Tages war so unnatürlich. Ich ging in der Höhle auf und ab, bis M——— zurückkam. Der Tag war extrem warm; und er kam mit heftigen Kopfschmerzen. Er erzählte mir, dass die Bundestruppen hervorragend gehandelt hätten; sie waren gegenüber dem Ort stationiert, an dem die konföderierten Truppen aufmarschierten und ihre Waffen aufstellten; und sie schienen Mitleid mit den armen Kerlen zu haben, die den Ort so lange verteidigt hatten. Ganz anders als er erwartet hatte, kam von keinem der Bundessoldaten ein einziger Hohn oder Spott. Gelegentlich war ein Jubelruf zu hören; aber die Mehrheit schien den armen, erfolglosen Soldaten mit großzügigem Mitgefühl zu begegnen.

Nach der Kapitulation blieb der alte grauhaarige Soldat auf dem Hügel in der Nähe der Höhle stehen, berührte seinen Hut und sagte:

„Heute ist ein trauriger Tag, Madam. Als wir das erste Mal in den Schützengräben Halt machten, hätte ich nicht gedacht, dass es so weit kommen würde. Ich hoffe, Sie werden nach all dem Ärger, den Sie erlebt haben, noch glücklich sein, Madam."

Worauf ich im Geiste antwortete: „Amen."

Der arme, bucklige Soldat, der krank gewesen war und der, wie man mir sagte, zu Hause in Süd-Missouri eine Million Dollar besitzt, in Vicksburg jedoch fast verhungert wäre, ging heute zum ersten Mal seit vielen Tagen hinaus und genoss die angenehme Luft.

Ich stand in der Tür und erblickte zum ersten Mal seit der Kapitulation die Bundesuniform. An diesem Nachmittag war die Straße voll von ihnen, die umhergingen und sich die Forts und die Pferde des Hauptquartiers ansahen. Auch Wagen, die von den schönen Pferden der Vereinigten Staaten gezogen wurden, säumten die Straße. Der arme M——, der sein Pferd während der 48 Tage auf Maulbeerblättern gehalten hatte, sah ihn nie mehr! Nach der Kapitulation am Abend ritt George auf seinem Maultier in die Stadt. Er wollte „glänzen", wie die Neger sagen, und ritt M——s schönen, silberbeschlagenen Dragonersattel. Ich musste lachen, als er mit traurigem Gesicht zurückkam und meldete, er sei unversehrt, aber der Sattel sei weg. M—— stellte ihm Fragen und stellte Fragen, entsetzt über seinen Verlust; denn ein Sattel war in unserer kleinen Gemeinde ein wertvoller Gegenstand; und George, dem es genauso schlecht ging wie jedem anderen, sagte: „Ich traf einen Yankee, der mir sagte: ‚Steig von dem Maultier ab; ich werde mir den Sattel holen.' Ich sagte: ‚Nein, so etwas werde ich nicht tun.' Er zog seine Pistole und ich sprang herunter."

Also brachte Mister George M—— einen Sattel zurück, der besser zu seinem Maultier passte als der, auf dem er davongeritten war – ein sehr abgenutztes, gewöhnliches Ding aus Holz. M—— tat mir leid. Am Abend brachte George wieder schlechte Nachrichten: Ein weiteres Pferd war weg. Sein verbliebenes Pferd und sein einziger Sattel machten die Nachrichten des Tages komplett.

Am nächsten Morgen, Montag, als ich durch die Höhle ging, sah ich etwas am Fuße eines der Deckenstützen zappeln: Als ich ein zweites Mal hinsah, sah ich eine große Schlange, die zwischen der Erde und dem aufrechten

Pfosten zusammengerollt war. Ich ging schnell hinaus und schickte einen der Diener nach M..., der sofort herbeikam, sein Schwert nahm und eine der Falten des Reptils am Pfosten befestigte. Es schoss mit offenem Maul schnell auf ihn zu. Glücklicherweise war das Schwert länger als der Oberkörper; und die Schlange fiel wenige Zentimeter von M... entfernt auf die Erde, der sich mit der Ferse fest darauf stellte und mit dem Schwert den Kopf vom Körper trennte. Ich habe noch nie eine so große Schlange gesehen; ihr Körperumfang war so groß wie die Schale eines großen Glases und über zwei Meter lang.

KAPITEL XXV.

EIN SCHRECK – GEORGE, MEIN BESCHÜTZER – EIN HÖFLICHER SOLDAT ERHÄLT DAS ZELTÜCK.

Am Nachmittag ging M——— mit einigen Offizieren in die Stadt, um alles für mich zu arrangieren. Ich war sehr amüsiert, obwohl ich es sie nicht merken ließ, als sie auf ihren armen, mit Maulbeerbäumen gefütterten Pferden loszogen. M——— hatte von jemandem, nachdem er sein Pferd verloren hatte, ein kleines, lahmes, niedergeschlagen aussehendes Tier geschenkt bekommen, für das Nahrung jeglicher Art eine Seltenheit zu sein schien; und das arme Pferd trottete dahin, als ob es sein Gewicht als große Plage ansah. Unser ganzer kleiner Haushalt war herbeigelockt worden, um der Abfahrt der prächtigen (?) Kavalkade beizuwohnen.

Als ich später mit einem Buch am Eingang saß, hörte ich Schritte, und als ich aufblickte, sah ich einen großen, stämmigen Neger mit einem höchst unangenehmen Gesicht, in Bundesuniform gekleidet und bewaffnet, den kleinen Pfad heraufkommen, der zur Höhle führte. Als er auf mich zukam, sprang ich auf; aber George, der glücklicherweise in der Nähe war, kam vom „Sassafrasbett" herüber, ein Tranchiermesser in der Hand, mit dem er etwas von der Wurzel ausgrub. Zwischen uns stehend sagte er: „Wohin gehst du, alter Mann?" „Geht dich nichts an", erwiderte er und hielt einen Moment inne. Ich wollte gerade nach einigen der Herren vom Hauptquartier rufen, als er sich umdrehte und um die Höhle auf dem Hügel herumging. „Ich werde dir mit diesem Messer zeigen, was du willst", knurrte George. Armer George! Er war während all meiner Wechselfälle in Vicksburg mein treuer Beschützer gewesen.

Bald darauf kam George in großer Aufregung zu mir und sagte: „Oh! Miss Mary, ein Yankee-Soldat wollte gerade unser Zeltdach vom oberen Ende der Höhle holen, und ich ließ ihn anhalten und es stehen lassen." Ein Bundessoldat kam den Hügel herunter, blieb stehen, nahm die Hand meiner kleinen Tochter und sagte ein paar nette Worte zu ihr; er drehte sich zu mir um, berührte lächelnd seinen Hut und sagte: „Guten Morgen." Ich verbeugte mich ebenfalls, während mir ein glücklicher Gedanke kam: Hier war ein gutherziger, höflicher Soldat; warum ließen wir ihn nicht das Zeltdach nehmen, anstelle eines unwürdigen Mannes? Also sagte ich: „Soldat, möchten Sie ein Zeltdach?" Er antwortete: „Oh! Ja, Madam; ich hätte sehr gern eines." Also schickte ich George los, um es für ihn zu holen. Er zeigte sich sehr dankbar – wollte es nicht nehmen, weil er Angst hatte, uns auszurauben; aber ich versicherte ihm, dass er willkommen sei; also wünschte er mir noch einmal guten Morgen und nahm seine Errungenschaft mit.

Die konföderierten Truppen wurden nach Vicksburg marschiert, um das im Kapitulationsvertrag festgelegte Ehrenwort anzunehmen. In wenigen Tagen würden sie die Stadt verlassen, die sie so lange gehalten hatten.

Am Freitag begannen sie ihren Marsch nach Süden, und am Samstag kam der arme George zu mir und sagte, er hätte eine blaue Hose angezogen und in der Annahme, sie würden ihn für einen Bundessoldaten halten, versucht, hinter M—— durchzuschlüpfen, aber man habe ihn zurückgeschickt. Also kam er und bat mich, zu versuchen, ihm einen Pass zu besorgen: Der Versuch wurde unternommen, und bis zum heutigen Tag weiß ich nicht, ob er M—— jemals erreichte oder nicht.

Samstagabend verschwand Vicksburg mit seinen terrassierten Hügeln, seinen schönen Häusern und traurigen Erinnerungen in der hereinbrechenden Dämmerung aus meinem Blickfeld, aber der Fluss floss weiter wie bisher und die Sterne leuchteten in demselben ruhigen Licht! Aber die vielen Augen – oh Vicksburg! – die auf deine terrassierten Hügel geblickt haben – auf deine grünen und sonnigen Gärten – auf den Flusslauf – die Ruhe der Sterne – diese Augen! Wie viele hast du für immer vor der Welt verschlossen!

PROBE-
UND REISEBRIEFE.

GAYOSO HOUSE, MEMPHIS , *April 1862* .

MEIN LIEBER J——— :

Ich komme gerade vom Abendessen zurück, und Sie werden sich amüsieren, die unterschiedlichen Gesichter zu sehen – ich könnte ebenso gut sagen, den unterschiedlichen Appetit; denn die Armee von Missouri und Arkansas hat in letzter Zeit strenge Fastenzeiten durchgemacht; und die kleine Episode der Schlacht von Elkhorn und die daraus resultierenden Entbehrungen haben nicht wenig zum hageren Aussehen dieser Militärs beigetragen. Alle essen, essen schnell; von General V——— D——— bis hinunter zum kleinsten Leutnant, dessen Art, den Feinschmecker bei den verschiedenen bestellten Gerichten zu spielen, ein Musterbeispiel ist. Die vertraulichen Beratungen mit dem Kellner über sie, zusammen mit der wissenden Unbewusstheit, mit der er sein Kleingeld herausgibt, überzeugen mich fast, dass er ein Brigadegeneral oder zumindest ein Oberst ist. Sie sehen ständig diese Flut von Menschen hereinströmen, um zu essen, die Damen anzustarren, zu reden und viel Wein zu bestellen, während sie sich über militärische Anekdoten aufregen; denn Sie müssen verstehen, dass ein Zivilist ein „rara avis" inmitten der leuchtenden Uniformen des Speisesaals ist. Und doch handelt es sich inmitten dieser großen Masse und Menschenmenge in der Mehrzahl um kultivierte Herren, die offensichtlich viel von der Welt gesehen haben und zielstrebige und charaktervolle Männer sind.

General V——— D——— und sein Stab sitzen nicht weit von mir entfernt – die Missourianer blicken ziemlich eifersüchtig auf sie, da sie ihnen einen höheren Rang und Befehlsgewalt als ihrem Lieblingsgeneral einräumen. Dennoch behandelt er den alten General immer mit größter Rücksicht und Höflichkeit. Auf der anderen Seite sitzt General P——— mit seinem freundlichen, wohlwollenden Gesicht. Der arme alte Herr findet, dass seine leichtesten Reserven bei Tisch zu seinen stärksten Kräften werden: Fast sein gesamter Stab ist um ihn herum.

Und während ich halb belustigt über die Gesichtsausdrücke einiger Leute sitze und tief über den stummen, aber entschlossenen Charakterabdruck anderer nachdenke, kommen zwei Herren herein – einer in schlichter

Zivilkleidung, mit dichtem schwarzen Bart und hoher Stirn – mit gebücktem Gang und den Händen auf dem Rücken. Man sagt mir, er sei Gouverneur J——— von Missouri. Sein Gesicht verwirrt mich – es ist nachdenklich und eigenartig. An seiner Seite geht General J——— T——— mit großer, geschmeidiger, schlanker Gestalt und voller Aufrechtheit. Sie werden es kaum für möglich halten, dass dies der so oft erwähnte J——— T——— ist. Ich hielt ihn für einen gewöhnlichen Mann, Sie nicht auch? Doch er ist alles andere als ein gewöhnlicher Mann. Als er eintritt, schweift sein scharfer dunkler Blick durch den Raum und erfasst uns alle auf einen Blick – ein schnelles, verwegenes, entschlossenes Gesicht. Mehr kann ich aus ihm nicht erkennen. Doch er hat mehr Gedanken und Intellekt, als man zunächst sieht. Er trägt eine vollständige Uniform mit Schwert und Schärpe und hat ein ausgesprochen militärisches Aussehen.

Es sind viele Leute aus Saint Louis hier; man sieht sie in großer Zahl um die Tische herum sitzen. General C— ist unter ihnen. Er sitzt in einiger Entfernung und sieht ganz erschöpft und traurig aus. Sie wissen, dass er der Vater des jungen Churchill Clark ist, der in Elkhorn getötet wurde. Habe ich Ihnen jemals seine Geschichte erzählt? Sie ist diese: Er machte zu Beginn des Krieges seinen Abschluss in West Point, und da er General P— kannte und sehr bewunderte, schloss er sich ihm sofort an; er wurde zum Kommandeur einer Artillerie ernannt, und da er sich als junger Mann mit Mut und Fähigkeiten erwies – er war erst zwanzig Jahre alt –, wurde sein Kommando erhöht. Während der ständigen Prüfungen und Leiden des Feldzuges erwies er sich als ebenso mutig, kühn und urteilsfähig wie viele Ältere. Besonders beliebt war er bei General P—. In Elkhorn hielt sich seine Batterie wie immer mit Kaltblütigkeit und Tapferkeit. Als der General vorbeiritt, richtete er einige aufmunternde Worte an den jungen Clark, der seine Mütze abnahm und sie schwenkte und sagte: „General, wir werden uns behaupten", oder etwas in der Art, als eine Kugel vom Feind herüberflog und in das junge, leidenschaftliche Gehirn krachte, während er sprach.

Mir wurde erzählt, dass der General zu Tränen gerührt war. Er kniete an seiner Seite und suchte vergeblich nach einer Spur des starken, jungen Lebens, doch der Puls war für immer still; und Churchill Clark lag als steifer Leichnam im hohen, nassen Gras von Elkhorn. Und so sitzt sein Vater still und allein da, und alle respektieren den Kummer, den niemand lindern kann.

In ein paar Tagen brechen wir auf. Die Herren fahren alle nach Corinth, wo aller Wahrscheinlichkeit nach bald eine Schlacht stattfinden wird. Fort Pillow kann dem täglichen Bombardement, das wir von den Kanonenbooten hören, kaum standhalten; und wenn es fällt, wird Memphis, nachdem es die konföderierten Offiziere verabschiedet hat, die Union in Quartier im Gayoso bringen.

Adieu.

MEMPHIS , *April*.

LIEBER J-- :

Ich schreibe Ihnen erneut aus dem Gayoso House, in dem es noch immer von Missourianern und vielen Damen wimmelt – einige wenige aus St. Louis. General P—s Salon ist von morgens bis abends mit Damen gefüllt. Man hat mir erzählt, dass einmal einige Damen, die alles andere als schön waren, zu ihm kamen, als er sich an einen seiner Stabsoffiziere wandte und ihm sagte, es sei seine Pflicht, ihm zu helfen – das sei eine Gelegenheit: Er müsse diese Damen für ihn küssen; aber der Offizier war höflich taub, bis es zu spät war.

Es ist erstaunlich zu sehen, wie die Damen in Scharen kommen, um den alten General zu sehen, und alle küssen ihn ganz selbstverständlich. Vor ein paar Tagen bin ich mit M. zum Lager der Missourianer geritten. Es liegt angenehm am Flussufer. Die Männer scheinen guter Dinge zu sein, obwohl es unpopulär war, sie über den Mississippi zu bringen. Die armen Kerle werden so schnell wie möglich nach Corinth gebracht. Man macht ihnen das Kompliment, dass sie in die gefährlichste Lage gebracht werden, denn wir erwarten täglich einen Angriff der Bundestruppen auf Corinth.

Möchten Sie, dass Ihre Lieben auf diese Weise beglückwünscht werden? Sie können sich nicht vorstellen, wie viel Liebe und Hingabe die Missouri-Truppen ihrem General entgegenbrachten. Ich stand gestern Abend zufällig am Ende der Halle neben einem Fenster, als einige Regimenter auf ihrem Weg zum Depot nach Corinth am Gayoso vorbeizogen. General P. stand auf der Veranda, als sie vorbeizogen, und Rufe und Jubel für den alten General und Missouri erfüllten die Luft.

General J—— T—— besuchte mich heute Morgen und amüsierte mich sehr mit einigen seiner Abenteuer im letzten Winter in Missouri; unter anderem erzählte er uns von seinem Ausflug in die kleine Stadt Commerce, um Lebensmittel zu holen. Seinen Männern wurde befohlen, einen bestimmten Betrag zu nehmen, das Geld abzulegen und zu gehen. Als er auf einem kleinen Pferd saß und auf sie wartete, kam die „Heldin von Commerce", wie er die Dame nannte, heraus. Ich habe ihren Namen vergessen, doch ich glaube, es war O'Sullivan. Sie ging auf den General zu, schüttelte ihm ihre geballte Hand vor der Nase und sagte ihm, er sei ein Räuber und ein Schurke. Ihr Mann zog sie am Arm und versuchte, sie davon abzubringen; aber sie war taub für seine Bitten und stand teils auf der einen Seite des kleinen Pferds, teils auf der anderen; zuerst schüttelte sie ihm ihre geballte Hand, und dann stand sie mit verschränkten Armen da und beschimpfte ihn mit allen möglichen Schimpfwörtern. Einige der Offiziere wünschten, dass

General T—— sie bis zu seiner Abreise in ihrem eigenen Haus einsperren sollte; aber er lachte und sagte: „Nein, lass sie in Ruhe." Sie blieb weiterhin um ihn herumschwirrend, drohend und redend.

Er sagte: „Oh! Mrs. O'Sullivan, Sie sind eine bescheidene Frau – eine sehr bescheidene Frau. Madam, glauben Sie nicht, dass Ihr Haus Sie braucht?" Die Ironie war hilflos: Wohin er auch ging, die hartnäckige Mrs. O'Sullivan folgte ihm; wo er auch anhielt, Mrs. O'Sullivan war an seiner Seite, sehr zur Belustigung seiner Anhänger; wohin er auch ging, Mrs. O'Sullivan stand unerwartet an jeder Straßenecke auf – rotgesichtig und verbittert – immer in derselben streitlustigen, trotzigen Haltung.

Ein Dampfschiff wurde den Fluss herunterkommen sehen. General T. befahl seinen Männern, sich hinter einem Holzstapel zu verstecken, bis dieser auftauchte, in der Erwartung, von dort Vorräte zu bekommen. Als sie dachten, sie seien außer Sichtweite, hob General T. die Augen, und siehe da! Ein kleines Stück den Fluss hinauf stand die unvermeidliche Mrs. O'Sullivan, gestikulierte heftig in Richtung des Bootes und rief: „Dreht euch um, dreht euch um! J. T. ist hier", während sie gleichzeitig ganz wild mit ihrer Schürze und ihrem Sonnenhut herumfuchtelte. Das Boot drehte sich tatsächlich, und obwohl der Plan scheiterte, saß General T. hinter dem Holzstapel, betrübt über den Fehlschlag, aber auch herzlich lachend über das Verhalten und das *unpassende* Auftreten von Mrs. O'Sullivan.

Das Hotel ist voll mit Militärangehörigen: viele von ihnen wurden in der letzten Schlacht von Shiloh verwundet und laufen mit Armen in Schlingen herum; andere stützen sich auf Krücken. Die Damen scheinen sich sehr vergnügt zu haben: Die Hallen sind voller Spaziergänger und die Salons voller fröhlicher junger Paare, Musik und Gelächter.

Doch plötzlich ist eine Überraschung für alle gekommen: New Orleans ist gefallen – ein unerwarteter Schlag für die meisten Offiziere der Südstaaten. Angesichts des ganzen Treibens und Treibens um mich herum kann ich nicht anders, als an die verschiedenen Szenen in ein oder zwei Wochen zu denken, wenn die furchtbare Schlacht von Corinth stattgefunden haben wird. Wie viele, die jetzt glücklich und voller Leben sind und voller Zuversicht auf die Lorbeeren warten, die sie vielleicht erringen werden, werden noch vor Ende des Kampfes für immer im Tod verstummen! Oder, schlimmer noch, vielleicht für den Rest ihres Lebens gelähmt und verstümmelt sein! General Beauregards Taten gelten als hervorragend; doch die Vorgehensweisen der Union gelten als weit überlegen.

Mein Mann fährt morgen nach Korinth, und ich werde nach O—— fahren, Miss, um den Ausgang des Kampfes abzuwarten, der nach Ansicht aller ein äußerst blutiger Kampf werden wird. Ich werde schreiben, sobald ich O—— erreiche, bis dahin leb wohl.

O——, 1. Mai .

Die erwartete Schlacht ist noch nicht ausgebrochen, und ich warte immer noch auf das Ergebnis. Ich bin mit vielen Dingen beschäftigt, besuche meine alten Freunde und erwidere ihre Besuche. Ich teile meine Zeit zwischen der Welt und dem Krankenhaus auf, den Lichtern und Schatten des Lebens. Ach, die Schatten! Mein lieber J——, du kannst dir kaum vorstellen, wie viel Leid ich in den letzten Wochen miterlebt habe – wie viel, das weder durch Taten noch durch freundliche Worte gelindert werden kann. Viele Verwundete wurden aus Korinth eingeliefert, viele sind seit ihrer Ankunft gestorben, viele werden sterben; aber am traurigsten von allem ist ein kleiner Junge, zu jung, um Soldat zu sein, und doch mit dem ganzen Soldatengeist ausgestattet. Eines Morgens betrat ich eine Station, die ich am Abend zuvor besucht hatte – eine Station für sehr kranke Patienten – und sah einen alten Mann neben einem neuen Feldbett sitzen und einem kleinen Jungen Luft zufächeln, der mit gerötetem Gesicht und brennenden Augen, die zur Decke starrten, dalag. Als ich auf sie zukam, stand der wettergebräunte Mann steif aufrecht da und salutierte mir merkwürdig, etwas unbeholfen, militärisch. Dabei sagte er: „Mein Junge, Ma'am!" „Ist er verwundet?", fragte ich. Er schlug das Laken zurück, das ihn bedeckte, und zeigte auf den Stumpf eines amputierten Beins in der Nähe des Oberschenkels: „Er hat das Kreuz gewonnen", sagte er, während er den Kopf noch mehr aufrichtete, das Laken mit dem Fächer zurückhielt und aus seinen Augen der grimmige Anflug eines Lächelns hervortrat.

Ich konnte sehen, dass der Mann ein stolzer, eiserner Soldat war. Der Junge war im Delirium, also werde ich Ihnen von dem Mann erzählen. Er weigerte sich, sitzen zu bleiben, solange eine Dame im Zimmer stand, und stand steif aufrecht am Kopfende des Feldbetts, wobei er mit der Zärtlichkeit einer Mutter jede Fliege vom Gesicht des Jungen fernhielt. An der Seite seines Kopfes trug er einen schlaffen braunen Hut, der seine Augen beschattete und mir in alle Teile des Zimmers folgte. Eine rote Kordel und Quaste hingen an einer Seite seines Huts und gaben ihm ein keckes Aussehen, das überhaupt nicht zu der seltsamen Steifheit seines Benehmens passte. Nachdem ich mit den kranken und verwundeten Soldaten in der Umgebung gesprochen und mich nach ihren Wunden und Bedürfnissen erkundigt hatte, kehrte ich zum Feldbett des Jungen zurück und hörte mir die Geschichte des alten Mannes an. Seien Sie nicht müde, wenn ich sie Ihnen erzähle; er war so stolz auf seinen Jungen, das soll meine Entschuldigung sein.

„Wir gehören zu den Texas Rangers, Ma'am, der Junge und ich; er konnte vor einem Jahr genauso gut reiten wie die anderen, Ma'am. Als der Krieg ausbrach und wir regelmäßig übten, war er der beste Reiter der Kompanie –

konnte alles, was er wollte, vom Boden aufheben, während er ritt. Er ist erst vierzehn, Ma'am – ein wirklich stattlicher Junge. Seine Mutter war die ähnlichste Frau, die ich je gesehen habe", mit einer abschätzigen Verbeugung vor mir; „er hat ihre Augen – die schönsten Augen, die Gott je geschaffen hat, Ma'am. Sie starb, als sie noch ganz jung war, und hinterließ ihn mir, einen kleinen Rasierer, und er ist seitdem bei mir. Die Jungen und ich versuchten, ihn zu überreden, aus der Armee auszutreten; es sah aus, als wäre er zu jung für so etwas; aber er wollte nichts davon hören, nicht er, Ma'am, und hier ist er", er fuhr sich mit dem Ärmel über die Augen.

„Nun, Ma'am, also blieb er bei uns; und als wir in Corinth ankamen, verlieh General Beauregard denjenigen, die sich als die besten Soldaten erwiesen, ein Ehrenkreuz. Unsere Jungs redeten also eine Menge darüber, wer es bekommen würde; aber dieser Junge sagt nichts. Nun, eines Tages wurden wir zum Aufklären ausgeschickt, und wir trafen auf die Yankees, und wir hielten sie etwa eine halbe Stunde lang fest, als ich diesen Jungen neben mir sah, der irgendwie neben einem Baum kauerte, aber seine Stellung hielt. Nun, wir schlugen sie schließlich in die Flucht, als ich feststellte, dass das Bein des Jungen völlig zerschmettert war und er sich aufrecht gehalten hatte, als wäre nichts geschehen. Als wir also nach Corinth zurückkehrten, wurde es von den Soldaten bis zu den Offizieren darüber erzählt, wie er durchgehalten hatte. Und mehr noch, als ihm das Bein amputiert wurde, konnten wir kein Chloroform, Morphium oder dergleichen bekommen: Er setzte sich einfach wie ein tapferer Junge auf, und los ging es, ohne ein Wort von ihm zu hören. Die Ärzte haben also darüber gesprochen, und man hat ihm mitgeteilt, dass er das erste Kreuz bekommen wird, und die Jungs werden ihn ungeheuer gern haben und sich fühlen, als hätten sie es selbst bekommen. Wenn er sein Fieber loswerden und sich erholen würde, wäre ich ein glücklicher Mann", sagte er besorgt.

Entschuldigen Sie, wenn ich Sie ermüde, aber lassen Sie mich Sie zu den kranken Gefangenen mitnehmen. Der alte Mann, an dem wir in der Halle vorbeigehen, mit Arm und Bein in einem Gestell, wird nie wieder gesund werden; doch er weiß es nicht und fragt mich häufig, ob ich glaube, dass er eine Rente bekommt, wenn er wieder gesund ist, wenn er sein Bein und seinen Arm verliert. Er beharrt darauf, sein Gesicht mit einem Taschentuch zu bedecken, hebt es und blickt jeden Tag heraus, wenn er meine Stimme hört, mit seiner üblichen Begrüßung: „Sie sind gekommen, nicht wahr?" Wenn ich ein kleines Stück Essen mitbringe, von dem ich glaube, dass es den Patienten schmecken wird, muss dieser alte Mann von mir gefüttert werden, und ich bin häufig amüsiert über die Anweisungen, die er mir gibt, denn er ist äußerst praktisch und genau: „Wenn Sie jetzt den Löffel ein wenig zur Seite drehen, werde ich meinen Mund in diese Richtung drehen, und der Pudding wird sicher hineinfließen." Der arme Mann, ohne Freund, mit

beiden Armen schwer verwundet und einem zerschmetterten Bein, starb
langsam, und doch hob er bis zuletzt sein Taschentuch und begrüßte mich
mit den fröhlichen Worten: „Sie sind gekommen, nicht wahr?"

Ich glaube, ich kann sehen, wie Sie sich in dieser Station umsehen, um
herauszufinden, wer die Gefangenen sind, denn alle scheinen fröhlich und
gesprächig zu sein. In diesem Feldbett neben der Tür, mit einem verletzten
Körperteil in einem Gestell – wie ein riesiger Löwe – liegt ein Mann mit
großen Schnurrbärten, großem Körper und langen Gliedmaßen, der uns
jedoch mit einem freundlichen Lächeln begrüßt, wenn wir hereinkommen
und uns nach seiner Wunde erkundigen. Ihm geht es „heute Morgen besser,
danke" oder „Ich bin Ihnen dankbar, aber es geht mir nicht ganz so gut."
Ein kleines Bild auf dem Tisch neben ihm, das ein dreijähriges Kind zeigt,
wird nie geschlossen. Ein kleines Kind mit blauen Augen, nacktem weißen
Hals und runden, runden Armen, was den Wunsch der Mutter zeigt, dass
das Bild in den Augen des Vaters schön und lieblich sein sollte. Auf dem
Deckel ist die Bundesflagge abgebildet. Der Mann, ein Kapitän, gehört einer
Kompanie aus Illinois an. Das Kind und die Mutter blicken mit
tränenreichen Augen und wehmütigen Herzen über die weite Fläche aus
Land und Wasser, die sie trennt, über die grausamen Grenzen, die der
Mensch gesetzt hat – und sind sich dennoch in ihrer Liebe treu. Immer noch
wartet er auf die Zeit, in der er die Freiheit erlangen und, treu und beständig,
zu ihnen zurückkehren wird. Er sagt mir den Namen des Kleinen und blickt
mich mit seinen dunklen Augen traurig an. Wenn er frei ist und diese Worte
jemals liest, wird er sich daran erinnern, wie der Kleine von einer
tieftraurigen Dame betrachtet wurde, deren Herz ein dreijähriges Kind mit
einer traurigen und tränenreichen Erinnerung erfüllte.

Kommen Sie mit mir zum nächsten Lager; schrecken Sie nicht vor dieser
geschwärzten Stirn zurück. Gestern war dies ein edelmütiger, grauhaariger
alter Soldat der Konföderierten mit dem klagenden, schönen Lächeln
vollkommener Ergebung. Er leidet sehr unter einer Wunde am Körper;
spricht selten, lächelt aber immer dankbar für die geringste Aufmerksamkeit.
Heute Morgen stelle ich fest, dass die Wundrose ausgebrochen ist und sich
über seine Stirn und einen Teil seines Gesichts ausgebreitet hat. Er warnt
mich mit demselben angenehmen, resignierten Lächeln davor, ihm zu nahe
zu kommen, damit ich mich nicht anstecke. Die geschwärzte Haut ist auf die
Wirkung des Jods zurückzuführen, das den Krankheitsverlauf aufhält. Er
wird nicht überleben: lieber, geduldiger alter Mann, mein Herz schmerzt für
ihn, doch ich kann ihm nur freundliche Worte geben.

Heute Morgen brachte ich den Männern in dieser Station Toast. Der alte
Mann schlief und ich gab jedem seine Portion. Während ich mich mit einem
Gefangenen in einem anderen Teil des Raumes unterhielt, hörte ich den
Illinoiser sagen: „Lassen Sie mich diesen Toast mit Ihnen teilen; ich brauche

nicht alles." Ich drehte mich um und hörte den alten Mann antworten: „Oh nein; behalten Sie es." Ich besorgte ihm seinen Toast und brachte ihn ihm, während ich dem Gefangenen lachend erzählte, dass ich glaubte, den Anbruch des Millenniums gesehen zu haben.

Wünschen Sie sich nicht, lieber J———, dass diese Dämmerung tatsächlich bei uns wäre; dass tapfere und edle Männer nicht mehr leiden, bluten und sterben, sondern leben sollten; und dass sie in ihrem Leben dankbarer und würdiger für das göttliche Blut würden, das vergossen wurde, um das furchtbare Leid und die Kriege um uns herum zu beenden?

Verzeihen Sie mir, dass ich Sie so lange aufgehalten habe, und denken Sie an mich wie immer, lieber J.

Dein.

O———, *Juni 1862* .

Können Sie es glauben, lieber J———, dass General Beauregard Corinth evakuiert hat? Sie haben es inzwischen aus den Zeitungen erfahren und teilen die Überraschung mit mir. Unsere Gefühle schwankten seit Wochen mit den Nachrichten aus Corinth. Zuerst würde es wahrscheinlich am nächsten Tag zu einem Gefecht kommen. Dann hatte jemand schwere Schüsse gehört und war sicher, dass die Schlacht stattgefunden hatte. Und am nächsten Tag war in Corinth alles ruhig. Aber das Erstaunlichste von allem – denn wir waren außerdem auf alles vorbereitet – ist, dass Corinth ruhig verlassen wurde; absolut verlassen, und die Bundestruppen besetzen wahrscheinlich den Ort. Jeder hat etwas zu diesem Thema zu sagen, und alle sind brillanter in ihren Ideen, weil alle vollen Spielraum haben, sie umzusetzen. Niemand verfügt über zuverlässige Informationen, und wir sind eine Gemeinschaft von Mutmaßungen – Herren wie Damen. Etwas, das nicht der üblichen Ordnung der Dinge entspricht, werden Sie sagen.

Aber ein Waffenstillstand in der Politik, die mir sehr am Herzen liegt und von der ich, wie die meisten Frauen, nur wenig verstehe. Warum sollte eine vernünftige Frau über etwas anderes als Kleidung und ihre Dienerschaft reden? Also besuchte ich vor ein paar Abenden eine nette kleine *Soirée* , die von den schönen und eleganten Töchtern von General P. aus Tennessee und der jungen Braut von Jacob J.s einzigem Sohn, einem süßen jungen Mädchen, beehrt wurde. Alle trugen Abendgarderobe, obwohl es nur wenige Gäste gab.

Aber hören Sie, eine Neuheit: Eine junge spanische Braut – eine brillante Frau – hat mir den ganzen Abend lang die Augen geblendet. Sie unterhält sich nur in ihrer schönen Landessprache, fasziniert und klärt einen mit lebhaften Gesten bereitwillig über ihre Themen auf. Dann trällert sie am schönsten, und man kann sich kaum darüber beschweren, dass ihre höheren Töne an Kraft fehlen, wenn sie sich vom Instrument erhebt, ihre Hand auf ihr Herz legt und mit gebrochener Stimme die einzigen englischen Worte sagt, die sie beherrscht: „Oh! Mitleid mit mir, Mitleid!" mit boshafter Ehrerbietung gegenüber ihrem Publikum.

Ich mache mir Sorgen um unsere armen Krankenhauspatienten. Ein Drittel von ihnen haben Sie noch nicht kennengelernt. Jeder hat eine eigene Persönlichkeit, die mich außerordentlich interessiert. Es wird befürchtet, dass die Bundestruppen auf O... vorrücken und die Patienten an einen sichereren Ort weiter unten gebracht werden. Es wird mir leid tun, wenn sie gehen, die armen Kerle. Der Junge, der in Korinth ein doppeltes Spiel gemacht hat, hat sanft und ruhig die Augen geschlossen. Leiden wird ihn nie mehr beunruhigen. Er ist tot. Der alte Mann ist mit Schmerzenskrämpfen im Herzen, von denen die Welt nie etwas erfahren wird, zu seiner Kompanie zurückgekehrt.

Lassen Sie mich Ihnen von der Hingabe des Mannes erzählen. Das Fieber des Jungen wütete immer noch, in immer kürzeren Abständen. Die Medizin erzielte nicht die gewünschte Wirkung. Die Ärzte sahen besorgt aus, als sie sich seinem Bettchen näherten. Ich wollte die Hand des alten Mannes nehmen und ihm von dem Freund im Himmel erzählen, von dem selbst der Tod uns niemals trennen kann; aber eine dumme Angst hielt mich davon ab. Eines Nachts trafen sich die Ärzte um das kleine Bettchen herum. Der alte Mann stand, wie üblich, wenn andere in der Nähe waren, steif am Kopfende, doch mit erschrockenen und brennenden Augen las er aufmerksam jedes Gesicht. Ein trauriges Lesen, hoffnungslos – das verrieten die Augen, während die Hand den schwach schlagenden Puls suchte. „Doktor, darf ich versuchen, meinen Jungen auf meine eigene Weise zu retten?", sagte der alte Mann und folgte dem Arzt in die Halle. „Ja, machen Sie mit ihm, was Sie wollen, aber fügen Sie ihm keine unnötigen Schmerzen zu."

Am Morgen wurde eine große Wanne mit kaltem Wasser in die Krankenstation gebracht und neben das Bett des kranken Jungen gestellt. Zum Entsetzen der Soldaten in den umliegenden Betten wurde der Junge, so verwundet er auch war, von den starken und sanften Armen eines Mannes herausgehoben, in dessen Augen er wertvoller war als die seltensten Diamanten und Gold. Ein schnelles Bad, und er wurde gut abgerieben, fest zugedeckt und schlief bald fest. Zum ersten Mal seit zwei Tagen brach ihm heftiger Schweiß aus. Es ging ihm deutlich besser, und das stolze Lächeln auf dem Gesicht des Vaters war ein schöner Anblick. Allmählich wurde er schwächer, das Fieber kam zurück, und eines Morgens sah ich mit schmerzendem Herzen die Ruhe des Todes in den geschlossenen Augen und der reglosen Nase. Der Vater stand am Kopfende des Bettes, den Hut über die Augen gezogen, die Arme in ernster und geduldiger Qual verschränkt, und wachte noch immer treu. Ich kann Ihnen nicht in Worte fassen, wie sehr mein Mitgefühl ihn schmerzte – den Kummer und ständig die Worte: „Allein! ganz allein! Mein Junge! Oh, mein Junge!"

Die Damen wollten eine große Beerdigung für den tapferen jungen Soldaten abhalten, aber die Ärzte wollten nicht damit einverstanden sein, ihn in der Stadt zu beerdigen, da alle Soldaten Aufmerksamkeit verdienten und keine Unterscheidung erlaubt sei . Bevor er beerdigt wurde, ging ich also ins Krankenhaus und blickte zum letzten Mal auf das junge, tote Gesicht, aus dem jede Spur des Leidens gewichen war: jetzt nur noch Frieden und Ruhe für immer!

Schmerz und Qual hinterließen tiefe Eindrücke auf dem Gesicht des Mannes am Kopf: Die Linien des Beobachtens und Leidens wurden deutlicher, als er mir mit einem angespannten Lächeln und beinahe einem schmerzerfüllten Keuchen für mein Interesse dankte. „Alle sind so freundlich!", sagte er. Er war an diesem Morgen in die Stadt gegangen und hatte sich einen kleinen schwarzen Mantel gekauft, den er der kleinen Gestalt übergestreift hatte. Eine schwarze Samtweste, eine weiße Brust und die Krawatte über dem weißen, jungenhaften Hals zeugten von der Zärtlichkeit, die auch vor der Kälte des Todes nicht zurückschreckte.

„Er ist jetzt mehr denn je wie seine Mutter, Ma'am", flüsterte er und zog das Laken sanft über den leblosen Körper. Als er sich dann mit dem Rücken zu mir umdrehte, sah ich, wie er sich immer wieder mit dem Ärmel über die Augen fuhr. Wir sind mit diesem menschlichen Kummer geboren, und doch ist er für mich etwas Entsetzliches. Sie haben Interesse an diesen Besuchen bei den Verwundeten und Sterbenden bekundet, deshalb spreche ich.

Noch ein Leben, das über dem Grab schwebt! Noch eins, das gelitten hat, oh, ich kann Ihnen gar nicht sagen, wie sehr! Ein Gefangener aus Iowa, der zur zweiten Iowa-Kavallerie gehörte, wurde in Farmington, in der Nähe von Corinth, gefangen genommen. Er war so schwer durch den Körper geschossen worden, dass kaum noch Hoffnung auf Genesung bestand: Er lag einige Wochen da und wurde von einem kräftigen, kerngesunden Mann zu einem armen, ausgemergelten Wesen – das kaum sprach, sich nie beschwerte und doch sehr litt, wie ich sehen konnte.

Als ich eines Morgens kam, flüsterte mir der Stationsleiter zu, er sei die ganze Nacht im Sterben gelegen. Ich betrat das Zimmer; sein Blick suchte den meinen mit wehmütigem Blick, und sein Blick hellte sich auf, als ich mich seinem Bett näherte. Ich strich ihm das Haar aus der Stirn, befeuchtete seine Lippen und nahm dann die Fliegenbürste und beschloss, bis zum Schluss bei ihm zu bleiben. Oh, lieber J——! Diese wehmütigen Augen, die jede meiner Bewegungen verfolgten! – Diese ängstlichen, sterbenden Augen!

Was machte die arme Mutter jetzt, von der er mir zuflüsterte? Wie wenig wusste sie, dass die Augen, die so lieb waren, nun zum letzten Mal das Licht erblickten! Weit weg von Zuhause und Freunden, unter Fremden, ging die Seele rasch hinaus in das große Meer der Ewigkeit, dessen strahlende Hoffnungen diese Flut unseres Lebens so sanft regeln! – hinaus – hinaus, mit einem verweilenden Blick unergründlicher Worte in mein Gesicht; denn mein Gesicht sagte ihm, was meine Lippen nicht taten!

„Wenn ich deiner Mutter schreiben kann, bevor du frei bist, was soll ich sagen?"

„Weißt du", flüsterte er.

„Sie sind sehr krank, und Gott wird Ihr Leben vielleicht nicht verschonen. Wollen Sie nach mir noch ein kleines Gebet sprechen?" Und so wurden ein paar Worte gesprochen, die er mir nach langen Pausen nachflüsterte und bei dem letzten Wort fast nach Luft schnappte. Und so saß ich neben ihm, und der Blick von seinen Augen in meine wurde immer intensiver. Es schien, als ob seine ganze Seele in unaussprechliche Worte gehüllt wäre. Schließlich verebbten die zitternden Augenlider, der leise, flüchtige Atem – ja, er verebbte so schnell!

O Vater! Gib dieser geprüften Seele Ruhe durch Deinen lieben Sohn.

Endlich frei, Gefangener! Friede deiner Seele! Gott schenke ihm Frieden!

Mein Freund, fürchtest du den Tod? Ich habe ihn so oft als Erleichterung von Schmerz und Leid kommen sehen, dass ich ihn nur segnen konnte. Vergiss nicht, dass du nach diesen Einzelheiten gefragt hast, und glaube, wie ich es immer von dir wünsche, in meiner Zuneigung,

Dein.

Es ist lange her, dass ich von Ihnen gehört habe, lieber J———; lange her, dass ich geschrieben habe. Sie werden bemerken, dass ich wieder in O——— bin. Bald nachdem ich meinen letzten Brief geschrieben hatte, nahmen die Bundestruppen Holly Springs ein und bedrohten O———. Die Krankenhauspatienten wurden weggebracht und ich durchquerte das Land, um meinen Mann zu treffen, der in Tupelo war. Nachdem ich einige Zeit in Pontotoc verbracht hatte, reiste ich weiter nach Tupelo und blieb einige Zeit auf einer Plantage sechs Meilen entfernt. In der Zwischenzeit ereignete sich die Schlacht von Iuka; der Verlust des tapferen Generals Little wurde von den Missourianern zutiefst betrauert. Die Truppen kehrten niedergeschlagen zurück. Kurz darauf marschierte man mit ihnen nach Ripley hinüber, wo man sich mit den Truppen unter General V——— D——— vereinigte; und es wurde ein Angriff auf Corinth durchgeführt, bei dem sich die Truppen tapfer verhielten, aber alles ohne Zweck: Es wurde eine vollständige Zurückweisung, und die Armee unter den beiden Generälen entging nur knapp der Gefangennahme.

Die Frauen und Familien der Offiziere waren natürlich verzweifelt und besorgt. Täglich kamen Kuriere in die Stadt gegaloppiert und brachten die widersprüchlichsten Berichte.

Einmal hörten wir, dass die Missourianer völlig in Stücke gerissen worden waren; dann wieder, dass sie alle gefangen genommen worden waren. Einer der Kuriere sagte, er habe meinen Mann in einem Krankenwagen liegen sehen, als er vorbeikam. Sie können sich vorstellen, wie verzweifelt ich war. Doch zwei Tage vergingen mühsam und immer noch keine Nachricht. Am Abend des zweiten Tages, als ich im Mondlicht auf dem Portikus saß, hörte ich ein Fahrzeug mit großer Geschwindigkeit die Straße entlangfahren; als es sich dem Haus näherte, sah ich, dass es ein Krankenwagen war. Meine schlimmsten Befürchtungen nahmen nun Gestalt an: M—— verwundet, vielleicht tödlich verwundet, dachte ich; und ich rannte schnell den Weg hinunter. Der Fahrer traf mich am Tor und sagte mir, dass er mir in aller Eile nachgeschickt worden sei – dass Tupelo während der Nacht evakuiert würde und mein Mann dem Quartiermeister der Post geschrieben und mich seiner Obhut übergeben habe. Ich hatte auch einen Brief. Der Quartiermeister würde mich bei Tagesanbruch mit dem Wagenzug durch das Land bringen. Mein Mann sei wohlauf, antwortete er auf meine erste, ernsthafte Frage.

Es war jetzt neun Uhr; meine kleine Tochter schlief tief und fest im Bett. Der Mann, ein Sergeant, den mein Mann gut kannte, hatte noch nicht zu Abend gegessen; während er aß, packte ich also mein Gepäck zusammen, wickelte einen Schal um mein schlafendes Kind, und dann verabschiedeten wir uns hastig und fuhren los, sechs Meilen durch den Wald, durch einen unpassierbaren Sumpf. Jetzt erinnerte mich die Düsternis der riesigen Bäume an all die spannenden Geschichten, die ich von Reisenden gehört hatte, die in Sümpfen und dichten Wäldern überfallen wurden. Ich betrachtete die Schatten auf den Baumstämmen und stellte mir einen Mann vor, der in der Dunkelheit dahinter herumschlich. Die Eulen schrien traurig, und aus den dichten Tiefen des Waldes drang der klagende Gesang des Ziegenmelkers zu uns.

Mein Diener schlich sich dicht an meine Seite, denn die Neger füllen in ihrer lebhaften Fantasie die Wälder nachts mit Gespenstern und Geistern der Verstorbenen. Oft unterbrach unser Fahrer im Vollmondlicht, nachdem er uns die Ereignisse der jüngsten Schlacht geschildert hatte, die Stille mit einer der mitreißenden Lagermelodien, wobei er laut und schrill pfiff. Dann stiegen meine kriegerischen und politischen Hoffnungen. Doch als wir wieder in die Dunkelheit der schroffen Zypressen eintauchten, wo Eulen und Ziegenmelker miteinander wetteiferten, überkam uns wieder Stille, und ich wurde wieder zu einer schüchternen, ängstlichen Frau.

Bald sahen wir Lichter durch die Bäume, dann die Reihen der Lagerfeuer, und Lärm und Geschäftigkeit wurden zum vorherrschenden Merkmal der Stadt: Vieh wurde unter lautem Geschrei und Gejubel durchgetrieben, Wagen fuhren rasch vorbei, Soldaten kochten Rationen an den Lagerfeuern – ein Bild geschäftiger Vorbereitungen.

Wir fuhren zum Büro des Quartiermeisters, und die Herren führten uns hinein. Sie bedauerten, dass sie mich so schnell hatten holen lassen müssen. Der Befehl zum Aufbruch war bei Einbruch der Dunkelheit gekommen, und seitdem waren sie ständig damit beschäftigt, da die Stadt bei Tageslicht evakuiert werden musste, denn die Bundestruppen rückten schnell vor.

Das Haus war ein Rohbau: Ein großer, langer Raum bildete das zweite Stockwerk, von dem ein kleiner abgetrennter Teil mit dem Namen „Büro" versehen war. Dorthin wurde ich mit meinem Diener durch Stapel von Maultierhalftern, Geschirren, Zügeln usw. geführt.

Hier war ich froh, ein kleines Feldbett zu finden, auf das ich mein Kind zum ersten Mal legte, nachdem ich es aus meinen Armen genommen hatte. Die Herren verabschiedeten sich unter vielen Entschuldigungen für die schlechte Unterbringung, die sie mir anbieten mussten, und ich konnte die schnellen Anweisungen an die Schreiber, Fahrer und Soldaten hören, als sie ihre hastigen Vorbereitungen wieder aufnahmen. Ich nahm mein Strickzeug und setzte mich ans Fenster. Der Mond stand tief am Himmel, doch der Tumult in der ganzen Stadt hielt an. Mein Kind schlief friedlich – ihr Vater war viele Meilen entfernt, doch ich wusste, er war voller Sorge um unser Wohlergehen.

Im Morgengrauen machten wir uns auf den Weg. Die erste Nacht verbrachte ich in Pontotoc im Haus eines Freundes. Die Herren hatten etwa eine Meile außerhalb der Stadt ihr Lager aufgeschlagen. Am Morgen, bevor ich mein Zimmer verlassen hatte, riefen meine Freunde bei der Dame des Hauses an und hinterließen mir eine Nachricht. Ich sollte so schnell wie möglich aufbrechen und versuchen, an die Spitze des Wagenzuges zu gelangen, um so dem Staub zu entkommen. Unser Fahrer war ein Soldat aus Arkansas – ein ruhiger, sanfter, kleiner Mann mit sehr wenig Kraft. Wir fuhren zwei oder drei Stunden zügig in der angenehmen Morgenluft weiter und sahen nichts vom Zug: Vielleicht waren wir vor ihnen. Bald darauf hielten wir an und berieten uns. Jede Meinung, die ich zu der Angelegenheit äußerte, wurde von dem kleinen Mann bereitwillig widergespiegelt, dafür und dagegen. Wir waren vielleicht zu schnell gefahren: Wir konnten keine Spur von den Wagen finden. Während wir eine Zeit lang geduldig warteten, kam mir eine unangenehme Vorahnung in den Sinn. Man hatte mir nicht gesagt, welchen Weg ich nehmen sollte; es gab zwei: vielleicht waren wir auf dem falschen.

O—— war vierzig Meilen von Pontotoc entfernt; neun Meilen hatten wir bereits zurückgelegt und konnten jetzt nicht in der Hoffnung zurückkehren, unsere Freunde dort anzutreffen.

Die einzige Alternative war, bis O—— durchzufahren, wo M—— sich mit uns treffen wollte. Also antwortete ich auf die Frage des kleinen Mannes: „Meinen Sie nicht, wir sollten uns beeilen und versuchen, O—— bei Nacht zu erreichen?“: „Ja“. Wolken begannen sich über den Himmel zu ziehen, und in der Ferne hörte ich Donnergrollen; immer noch schien die Sonne sporadisch hervor, und ich hoffte, dass der Regen nicht in unserer Nähe fallen würde. Wir fuhren schnell weiter und waren erst ein paar Meilen weit gekommen, als die unverkennbaren Anzeichen eines Sturms, der bald über uns hereinbrechen würde, mich davon überzeugten, dass wir einen Unterschlupf suchen mussten; wo, war schwer zu sagen, denn die Straße, die wir befuhren, war fast ohne Häuser. Ich war verzweifelt, als der Wind um uns herumpfiff, die Blätter und das trockene Gras in Wirbeln über den Boden trieb und die Äste der riesigen Waldbäume mit einem stöhnenden Geräusch hoch und tief schwanken ließ. In meiner Angst klammerte ich mich an einen Strohhalm. Ich erinnerte mich, dass M—— mir auf einer früheren Fahrt auf dieser Straße einen Nebenweg durch den Wald gezeigt hatte, der nach Lafayette Springs führte. Der Besitzer kannte meinen Mann, und ich beschloss, eine Landstraße zu nehmen, die in die Richtung führte, in der ich mir die Quellen vorstellte. Stellen Sie sich mich, J——, wenn Sie können, aufrecht in der Mitte des Krankenwagens sitzend vor, mein Diener an meiner Seite, der kleine J—— zwischen uns – der kleine Fahrer, sanftmütig und ergeben, der sich umdrehte, wenn ich „umdrehen“ sagte, und anhielt, wenn ich „anhalten“ sagte. Wir nahmen eine seltsame Straße, ich wusste nicht, wo, und näherten uns schließlich einer höchst wenig vielversprechend aussehenden Hütte, deren Bewohner – in allen Größen – beim Geräusch von Rädern die Tür füllten, in gelbe Kleider gekleidet, über denen wirre weiße Köpfe standen. Die alte Dame „wusste, dass es irgendwo in der Nähe Quellen gab, und meinte, dass diese Straße dorthin führen könnte“; Dann rauchte sie ihre Pfeife weiter und wartete auf eine Bestätigung ihrer Aussage durch ihre älteste Tochter, die sagte: „Ja, sie meinte, die Straße würde uns dorthin führen, wenn wir ‚geradeaus‘ weitergingen.“

„Peitsche die Maultiere“, rief ich, „und fahre schnell“, denn der Sturm um uns herum wurde immer dunkler; und der Krankenwagen ließ einen Chor durch die stillen „Kiefernwälder“ klingeln. Große Tropfen fielen jetzt; der Wind stöhnte und stürmte traurig durch die „Ödnis“, stöhnte und fegte über die schmale Straße und wirbelte die „Kiefernspitzen“, als wir vorbeifuhren; der Regen fiel immer schneller. Unsere schwerere Kleidung, Schals, Umhänge usw., waren bei den Koffern; ein leichter Schal, in den ich mein

Kind hüllte, war alles, was wir in diesem Notfall besaßen. Die Abdeckung des Krankenwagens war mit Einschusslöchern übersät, durch die der Regen in kalter Unerbittlichkeit tropfte. Der kleine Fahrer erlitt ein Martyrium: So eng wie möglich zusammengekauert, mit seiner Decke um sich, während der Wind den Regen in Laken zwischen ihn und die Maultiere trieb, sah er für mich im Nebel wie ein lebloser, runder, brauner Ball aus. Bald füllte sich der Boden des Krankenwagens so schnell mit Wasser, dass er seine Decke über das Fahrzeug warf, um das Eindringen des Regens zu verhindern. Dann ließ das Wasser wieder nach und das einzige Lebenszeichen des kleinen Wesens war das mechanische Auspeitschen der Maultiere.

Eine kleine Seitenstraße führte in den Wald, frisch markiert mit Wagenspuren. Als ich das Bellen eines Hundes in der Nähe hörte, befahl ich dem Fahrer, umzukehren und nach einem Haus zu suchen. Nach einer Viertelmeile kamen wir zu einer weiteren kleinen Hütte. Durch den Regen brachte die schwache Stimme des kleinen Fahrers eine Frau an die Tür, die uns mitteilte, dass Lafayette Springs drei Meilen weiter „vor uns" liege. Hocherfreut wandte sich der kleine Mann mir zu, sagte mit freudigem Gesichtsausdruck: „Sehr gute Neuigkeiten" und trieb seine Maultiere an; und ich bin fest davon überzeugt, dass der Mann kurzsichtig war; denn in zwei weiteren Minuten wären wir über einen Abgrund gestürzt, der fast von den Wipfeln der Bäume verdeckt war, die weit unten am Fuße des Abgrunds wuchsen. „Halt!", rief ich, als die Köpfe der Maultiere fast über den Rand der Klippe hinausragten. Der kleine Mann fragte sanftmütig, was er tun solle. „Zurück mit den Maultieren!", rief ich; und nach einer mühsamen Verzögerung drehten wir schließlich um und fanden uns wieder auf der Straße. „Wir hätten uns dort richtig amüsieren sollen", sagte der kleine Mann zu mir. „Das haben wir tatsächlich", erwiderte ich höflich; denn ich fürchtete, ich hätte die Gefühle des armen Mannes verletzt, indem ich in diesem kritischen Moment so schnell sprach. Glücklicherweise erreichten wir die Quellen durch den strömenden Regen und wurden freundlich empfangen. Der Wirt tat alles, was er konnte, um mich zu behagen.

Ich hatte das Vergnügen, einen Freund zu treffen, der meinen Mann kennengelernt hatte und der mir viel über die jüngste Schlacht erzählte. Am nächsten Morgen brachen wir früh auf. Obwohl es ein rauer, unangenehmer Morgen war, beschloss ich, meine einsame Wanderung zu beenden. Wir waren etwa vier Meilen gegangen und zitterten im düsteren Nebel, als ich ein schnelles Galoppieren auf der Straße hörte. Der Vorhang des Krankenwagens hob sich – ein fröhliches „Guten Morgen" mit einer Stimme, die ich nicht missverstehen konnte: M—— ritt neben uns und fragte, wie um alles in der Welt wir es geschafft hatten, uns so weit von unseren Freunden zu entfernen. Auf dieses Geplänkel konnte ich nichts erwidern. Korinth mit all seinen blutigen Schrecken, die mir so lebhaft vor

Augen gestanden hatten, die ständige Angst, die ich gefühlt hatte, und jetzt war mein Leiden vorbei – M—— persönlich hier, um sich um uns zu kümmern! Ich bedeckte mein Gesicht und weinte wie ein dummes Kind. Geben Sie mir nicht die Schuld; Sie haben sich noch nie bei einem Sturm im Wald verirrt und hatten das Gefühl, dass die Verantwortung für jede Handlung bei Ihnen lag. M—— war auf Geschäftsreise nach Pontotoc geschickt worden – hatte von uns dort gehört und war uns gefolgt, weil er befürchtete, dass uns ein Unfall zustoßen könnte. Ich werde M—— in ein paar Tagen nach Holly Springs begleiten, wo die Generäle P——, V—— D—— und L—— mit ihren Truppen Stellung beziehen. Während ich schreibe, schwindet das Sonnenlicht, und nur das verblassende purpurrote Licht liegt auf meinem Papier. Abschließend möchte ich Sie bitten, beim Lesen immer an meine Zuneigung zu Ihnen zu denken.

Wie immer.

HOLLY SPRINGS.

Sie wollten, dass ich ein Tagebuch für Sie führe, lieber J., aber ich antwortete, dass ein Tagebuch eine langweilige Aneinanderreihung von Daten wäre, mit drei Zeilen, die die Nichtssagendheit der meisten Tage beschreiben; und ich würde lieber die Ereignisse so aufschreiben, wie sie vorübergehen. Sie antworteten, dass meine Briefe umfangreich sein müssten, wenn sie zufriedenstellend seien. Bereuen Sie diese Bemerkung nicht bereits? Ich freue mich, wenn die Länge gefällt, sind meine Briefe zufriedenstellend.

Die Schlacht von Korinth war eine blutige Niederlage. Oh, wie viel Blut ist in diesem wunderbaren und entsetzlichsten Krieg geflossen! – wie viel Tränen und Leid! Kann man denn nichts tun, um die wilden Leidenschaften der Menschen zu besänftigen? Oh! J——, könnten Sie wie ich die zerrissenen und verstümmelten Menschen sehen, die vom Schlachtfeld gebracht werden und laut zu Gott um den Tod schreien! – um Gnade und um den Tod! – würden Sie wie ich besorgt fragen: „Kann nichts diesen Tod beseitigen? Diese Qual? Kann kein Appell ausgesprochen werden, durch den uns Frieden zuteil werden kann?" Aber die Frau weint, während der Mann zuschlägt!

Holly Springs ist mit seinen weißen Häusern mit Verandas, seinen hübschen Gärten, breiten Straßen und gastfreundlichen Häusern die angenehmste Stadt im Süden, allerdings voller Soldaten und Offiziere.

Die Einwohner scheinen sich in ihren Bemühungen um Unterhaltung zu vereinen. Die Generäle V—— D——, P——, L—— und T—— haben jeweils ihr Hauptquartier in der Stadt. Vor einer Woche besuchte ich eine Truppenschau unter den Generälen L—— und T——. Sie boten einen schönen Anblick: die meisten von ihnen waren neu uniformiert und aus ihrer

Gefängniskleidung herausgeholt. General V—— D——, der als der beste Reiter der Armee gilt, galoppierte auf einem schnellen, schönen schwarzen Pferd die Linie auf und ab, gefolgt von General P—— auf einem großen Braunen, der schwer und langsamer galoppierte.

Viele Damen waren zu Pferd anwesend und auf dem Feld verteilt, umgeben von einer fröhlichen Gruppe von Offizieren. Vorgestern ritten wir zu einer großen Parade der Missouri-Truppen unter General P.—. Es waren Zuschauer aus dem ganzen umliegenden Land da; viele kamen von weitem auf den Wagen. Die Missouri-Truppen haben sich in der letzten Schlacht von Corinth einen so unvergänglichen Ruhm erworben, dass alle gespannt darauf sind, ihrer Parade beizuwohnen und den tapferen Kerlen zuzujubeln, die so viel gelitten haben. Obwohl sie zurückgedrängt und zum Rückzug gezwungen wurden, werden die Südstaatler ihren tapferen Kampf über zwei Reihen überlegener Befestigungen angesichts eines bitteren Feuers nie vergessen.

General P. ist auch beim Volk sehr beliebt, obwohl die Regierungschefs stark gegen ihn eingestellt sind. Es ist natürlich, dass Präsident Davis annimmt, dass ein ordentlich ausgebildeter Militärangehöriger die Kriegswissenschaften eher versteht als jemand, der sie nicht zu seinem Studium gemacht hat. Aber warum lähmt er einen so tüchtigen Offizier, wie General P. es zweifellos ist, so sehr, dass er ihn beinahe wirkungslos macht?

Die Missourianer sahen bei der Parade frisch und munter aus. General P—— —, begleitet von seinem Stab, stand in der Pause neben uns, während wir auf die Ankunft von General V—— D—— warteten. Einer von General P——s Stabsoffizieren machte sich auf den Weg über das Feld, um eine Depesche zu überbringen, als sein Pferd stolpernd ins Gras fiel und den in leuchtender Uniform gekleideten Herrn immer wieder auf dem Rasen überrollte, sehr zur Belustigung der Zuschauer, die ihm lautstark zujubelten. Er tat mir leid; und obwohl einige seiner Freunde zu der Zeit mit mir sprachen, konnte ich ein Lächeln kaum verbergen. Aber die Männer, die eine halbe Meile entfernt in Linie aufgestellt waren, drehen sich jetzt, formieren sich und marschieren um den kleinen Hügel in der Ferne. Sehen Sie, die Sonne scheint auf die Bajonette der Gewehre, während sie aufsteigen, und wenn sie über die Kuppe des Hügels herabsteigen, zeigen das regelmäßige Schwingen der Linie und der Glanz des Stahls die Disziplin, der sie ausgesetzt waren.

Nun gehen sie am General vorbei, der etwas hinter General V—— D—— und neben General Q—— sitzt. Zwischen der Artillerie sah ich Lady Richardson, die gefangen genommen und aus Corinth weggebracht worden war. Als sie näher kamen und an General V—— D—— vorbeigingen, salutierten sie; woraufhin er seine Mütze zur Fahne lüftet und ein stolzes, jugendliches Haupt mit Locken enthüllt. Er steht direkt vor mir, und ich sehe sein Gesicht nicht, das von tiefen Falten gezeichnet ist, die mir schon früher aufgefallen sind. Am Abend nach der Parade besuchte ich eine Party für die hier versammelten Generäle. Das Haus war überfüllt; die Generäle mit ihrem Stab und anderen Offizieren waren da, und auch einige der reizenden Damen von Holly Springs. Das Abendessen war herrlich. Es wurden Toasts auf die Generäle P——— und V——— D——— ausgebracht, und alle waren fröhlich usw. Doch mitten im Gespräch teilte mir ein Offizier mit, dass die Bundestruppen auf Holly Springs vorrückten und dass die konföderierten Truppen die Stadt wahrscheinlich in ein oder zwei Tagen räumen würden. Also, lieber J———, ich weiß nicht, wo ich sein werde, wenn ich das nächste Mal schreibe.

JACKSON.

Ich weiß, Sie lächeln, da Sie Jackson am Anfang meines Briefes stehen sehen – Sie lächeln, wenn Sie daran denken, wie systematisch ich mich aus einer Stadt nach der anderen zurückgezogen habe, so wie die Bundestruppen sich hineingebeugt haben; doch Sie kennen das alte Sprichwort: „Wer kämpft, der läuft davon" usw.; obwohl ich mich damit nicht trösten kann, da das Kämpfen seit Beginn des Krieges meine Abscheu ist. In friedlichen Zeiten habe ich immer Helden in glänzenden Uniformen bewundert und würde das auch jetzt tun, wenn der Held mir versichern könnte, dass die glänzende Uniform immer mit Leben erfüllt sein würde. Aber wie kann man Freude an den goldenen Verzierungen eines Freundes empfinden, wenn man weiß, dass man möglicherweise als sehnlichst gesuchtes Ziel für einen Scharfschützen dienen könnte? Sie wundern sich doch nicht über mein Zitat zugunsten einer rückläufigen Bewegung in dieser Gemütsverfassung, oder? In den letzten ein oder zwei Wochen bin ich von einem Zustand der Erregung in den nächsten geraten, so dass ich wirklich froh bin, einen ruhigen Ruheplatz zu finden.

Von Holly Springs zog sich die Armee unter den Generälen V——— D——— und P——— nach Abbeville zurück, wo sie eine Zeitlang stationiert blieb. Eines Tages wurden die Einwohner von O——— durch das ferne Kanonendonner aufgeschreckt. Es herrschte große Aufregung, und verschiedene Gerüchte machten die Runde. Eines besagte, dass die Bundestruppen den Tallahatchee erreicht hätten; ein anderes, dass sie ihn überquert hätten und dass eine Schlacht zwischen den Bundes- und den Konföderiertenstreitkräften im Gange sei.

Die Stadt wurde hellwach. Wagen fuhren vorbei und wieder vorbei. Man sah zahlreiche Familien schnell zum Bahnhof gehen, Kutschen voller Damen und Kinder fuhren schnell in dieselbe Richtung. Meine Freunde bereiteten sich ebenfalls auf die Abreise vor. Ich hatte ein Telegramm von M. erhalten, in dem mir mitgeteilt wurde, dass ich mich für meine Abreise am Nachmittag bereithalten sollte. Meine Vorbereitungen waren getroffen. Ein Herr kam mit dem Zug, der abfuhr, um mich zu begleiten, als zu unserer großen Enttäuschung die Passagiere nicht in den Zug einsteigen durften, da alle Krankenhauspatienten aus dem Zug genommen werden mussten, bevor die Passagiere untergebracht werden konnten. Meinem Freund wurde jedoch durch besondere Gunst gestattet, mit meinen Koffern in einem Gepäckwagen mitzufahren. Am nächsten Tag, Sonntag, kam es einem wie ein Sabbat vor! Es sollten keine Personenzüge mehr fahren, wenn alle Vorräte transportiert werden konnten. Also nahmen einige Freunde und ich schon recht früh unsere Plätze in den Waggons am Bahnhof ein und warteten geduldig Stunde um Stunde, während wir die ablenkendsten Gerüchte hörten, bis meine Geduld fast erschöpft war.

Am Nachmittag war meine Freude groß, als ich M——— ins Auto steigen sah. Die Armee zog sich von Abbeville zurück. Unsere Freunde beschlossen, ihre Kutsche zu nehmen und das Land nach Columbus zu durchqueren. M——— sagte, er könne einen Krankenwagen für mich besorgen, aber ich müsse mit der Armee Schritt halten, da die Bundestruppen dicht hinter uns blieben. Die Autos wurden schnell geräumt und ich sah den letzten meiner Freunde. Ein Krankenwagen kam und ich fuhr bald schnell Richtung Süden. In dieser Nacht hielten wir an einem Haus am Straßenrand. Am nächsten Tag kam der größte Teil der Armee vorbei und lagerte unterhalb des Hauses, in dem wir die Nacht verbrachten.

Der nächste Morgen war düster, dunkel und ungemütlich. Während ich darauf wartete, dass M——— mit einem Krankenwagen kam, lud mich General P——— ein, mit ihm zu fahren. Die Straßen waren in einem miserablen Zustand und eine Zeit lang fuhren wir auf einer Knüppelstraße.

Stellen Sie sich vor, lieber J., ich fahre mit meinem Kind im Arm auf einer Knüppelstraße durch einen Sumpf, während der General in aller Ruhe und Höflichkeit mit mir spricht. Doch die Düsternis des Tages lag über mir, und ich fühlte mich schrecklich elend. Bald begann es in Strömen zu regnen. Wir befanden uns zu diesem Zeitpunkt auf der Hauptstraße, die durch das Artilleriefeuer, das größtenteils vor uns lag, von Minute zu Minute schlechter wurde. Direkt hinter dem Krankenwagen des Generals fuhr die Kutsche einer Dame, die wie ich gezwungen war, die Autos zu verlassen.

Wie unaufhörlich es regnete! Ab und zu fuhr der Krankenwagen am Straßenrand entlang und hielt an, um die Infanterie passieren zu lassen. Die armen Kerle! Nass und mit Schlamm beschmiert, stapften sie mit Decken und Rucksäcken auf dem Rücken und Gewehren auf den Schultern dahin; lästige Begleiter zu jeder Zeit – jetzt im strömenden Regen noch mehr. Am

Fuße der Hügel mussten wir oft anhalten, manchmal eine Stunde lang, um zu warten, bis die Artillerie über die Kuppe des Anstiegs kam. Die Bundestruppen waren dicht hinter uns. Die Pferde zogen und zogen, aber der Schlamm war so tief und schwer, dass die Räder verstopften, und ich blickte ängstlich nach oben, in der Erwartung, eine riesige Kanone, die durch ihr Gewicht angetrieben wurde, zum Fuß des Hügels zurückkehren zu sehen. Häufig mussten die Soldaten durch die tiefen Schlammspuren am Hang waten und einem schwankenden Geschütz neuen Schwung verleihen, indem sie den Pferden halfen und die schwere Lafette mit vereinten Kräften vorwärts schoben.

Im Regen saßen die Stabsoffiziere auf ihren triefnassen Pferden, und der alte General gab aus dem Fenster des Krankenwagens Befehle und trieb die Männer an. Ich wunderte mich über die Geduld und Freundlichkeit, mit der er zu allen sprach. Schnell und fröhlich sprach er zu den Stabsoffizieren: „Reitet weiter und seht, was den Weg versperrt", und in mitfühlendem Ton durch den Regen zu den zurückgebliebenen Soldaten: „Weitermachen, Männer, weitermachen." „Wir lagern in der Nähe, nicht wahr?", rief er dem Inspektor mit klarer Stimme zu. Und die Männer hoben ihre gesenkten Köpfe und drängten auf die Ermutigung durch die wohlbekannte Stimme hin vorwärts. Ich sehe die Macht der Freundlichkeit bei diesen Männern, lieber J. Es gibt wenige Generaloffiziere in der Konföderation, die bei ihren Männern so beliebt sind wie General P. Und doch ist er einfach nur freundlich und vollkommen gerecht.

An diesem Abend hielten wir hinter Water Valley an einem Haus, wo die arme Wirtin versuchte, es uns gemütlich zu machen, und uns viel Gesellschaft leistete. Sie erzählte uns, dass sie die „Cousine von Stonewall Jacksons Frau und Hills Frau" sei, aber sie „dachte, dass sie es nicht wüssten und sich nicht viel dabei denken würden, wenn sie es wüssten". Sie brachte ein großes Baby herein, setzte sich neben den General und sagte ihm, dass sie das Baby nach ihm benennen würde. Der General war so umgänglich wie immer, aber ich drehte mich häufig zum Fenster, um meine Belustigung zu verbergen.

Plötzlich erschrak ich, als sie sich rasch zu mir umdrehte und fragte, ob ich „jemals denken würde, dass sie mit Stonewall Jacksons Frau und Hills Frau verwandt sei." Da ich noch nie eine der oben genannten Damen gesehen hatte, antwortete ich gewissenhaft, dass ich es nicht wüsste, obwohl ich es eigentlich wissen sollte.

Am nächsten Morgen wurde ich durch das Signalhorn geweckt, stand hastig auf und war in wenigen Augenblicken bereit abzureisen. Wir waren erst fünf Meilen gefahren, als ein Adjutant heranritt und General P. sagte, General Pemberton wünsche, dass er sofort nach Water Valley zurückkehrt, da die

Bundestruppen ganz in der Nähe seien und die Soldaten der Konföderation Widerstand leisten müssten. Wir stiegen ab und saßen ein paar Augenblicke in einer Negerhütte. Dann stieg der General auf und ritt in Richtung Water Valley, gefolgt von seinen Stabsoffizieren. Die Dame und ich fuhren mit den Wagen weiter bis hinter Coffeeville, wo der Zug anhielt und sich darauf vorbereitete, sein Nachtlager aufzuschlagen. Bis jetzt hatte ich nichts von M. gehört, seit er mit dem General losgeritten war, und ich wusste kaum, was ich tun sollte. Die Soldaten wurden als Wachposten um die Züge herum eingesetzt, da sich links von uns, in der Nähe der kleinen Stadt Charleston, auch eine Bundestruppe befand. Uns wurde gesagt, dass in Water Valley schwere Gefechte im Gange seien. Da kein Haus in der Nähe war, sagte uns der Herr, der für die Dame und mich zuständig war, dass er ein schönes Zelt aufstellen und es uns ganz bequem machen würde. Also wurde auf einem kleinen Hügel in der Nähe ein Zelt aufgeschlagen, und ich ruhte mich während der Nacht bequem aus. Früh am Morgen machten wir uns auf den Weg, nachdem der Rest der Armee eingetroffen war. Schließlich erreichten wir Grenada sicher, wenn auch schwer bedrängt von den Bundestruppen.

So sehen Sie, lieber J., dass ich das Pech habe, mit einem Rückzugsort oder einer bedrohten Stadt identifiziert zu werden. Von Memphis aus oder über die größere Entfernung, die uns trennt, können wir unsere Liebe ausbreiten; und durch all das bin ich

Dein

DAS ENDE.